JOSEPH MURPHY

Die Praxis des Positiven Denkens

Dr. Joseph
MURPHY

Die Praxis des Positiven Denkens

Ein Dr. Joseph Murphy-Lesebuch

zusammengestellt von Michael Görden
mit freundlicher Genehmigung
des Ariston Verlages

GOLDMANN

Umwelthinweis:
Alle bedruckten Materialien dieses Taschenbuches
sind chlorfrei und umweltschonend.

Der Goldmann Verlag
ist ein Unternehmen der Verlagsgruppe Bertelsmann

© 1989 Wilhelm Goldmann Verlag, München
und Ariston Verlag, Genf
Quellenangaben am Ende des Bandes
Umschlaggestaltung: Design Team München
Satz: Fotosatz Glücker, Würzburg
Druck: Elsnerdruck, Berlin
Verlagsnummer: 11939
Ba · Herstellung: Peter Papenbrok/sc
Made in Germany
ISBN 3-442-11939-1

13 15 17 19 20 18 16 14

Inhalt

KAPITEL 1

Das Geheimnis der Wunderkraft

Der Mensch bekam von Gott das Geburtsrecht verliehen, in jeder Beziehung reich zu sein. Dies bedeutet, daß Sie auf Erden sind, um in allen Bereichen größtmögliche Lebensfülle zu erlangen. Sie sind dazu da, ein schönes, glückliches und heiteres, mit anderen Worten, ein wirklich erfülltes Leben zu führen. Es ist Ihr Anrecht und der eigentliche Sinn Ihres Daseins.

Erkennen Sie, daß die mit unermeßlichen Reichtümern angefüllte Schatzkammer des Unendlichen sich in den Tiefenschichten Ihres eigenen Unterbewußtseins befindet. Beginnen Sie damit, in dieser »Goldmine« zu schürfen, und fördern Sie alles zutage, was Sie brauchen – nicht nur Geld, sondern auch Schönheit, Freude, Gefährten und eine Wohnstatt Ihres Glücks. Alle Wohltaten und Segnungen des Lebens sind in Ihrer Reichweite; was immer Sie sich wünschen, Sie können es erhalten, wenn Sie das »Know-how« kennen.

Mein alter Freund Dave Howe erzählte mir von zwei Geologen, die in der gleichen Stadt aufgewachsen waren und dasselbe College besucht hatten. Einer der beiden wußte Bescheid über die seelisch-geistige Schatzkammer in seinem Inneren; der andere, ein eingefleischter, materialistisch orientierter Fachwissenschaftler, kannte sie nicht. Dieser Fachwissenschaftler, der im übrigen ein tüchtiger Geologe war, suchte drei Wochen lang mit den modernsten Geräten in einem abgelegenen Bezirk von Utah nach Bodenschätzen und fand nichts. Der andere Geologe setzte seine Arbeit zusätzlich zur technischen mit der richtigen geistigen »Ausrüstung« fort und stieß binnen kürzester Zeit auf eine Uran- und eine Silberader.

Wo lagen diese Schätze nun eigentlich? Sie lagen im Denken

und Glauben des Geologen: Er glaubte an sein unterbewußtes Führungsprinzip und war zutiefst überzeugt, dieses Führungsprinzip werde ihn zu den verborgenen Bodenschätzen geleiten.

Der Schlüssel zum größten Geheimnis der Welt

Manche Menschen halten Weltraumreisen oder die Kernspaltung für das größte Geheimnis der Welt. Und neulich meinte ein Mann im Verlauf eines mit mir geführten Gesprächs, das größte Geheimnis sei genetischer Art, und es stehe kurz vor der Lösung, denn in Bälde könne man dank der Errungenschaften moderner Wissenschaft die grundlegenden menschlichen Gene verändern und »so viele Einsteins, Beethovens oder Edisons erzeugen, wie man will«.

Dieser Mann hatte nicht begriffen, daß dem Menschen der lebendige Geist – Geist von seinem Geist: Gott – innewohnt, der unveränderlich ist, immer war und ewig gleich ist. Der Mensch besteht wahrhaftig nicht nur aus dem Körper oder aus ererbten Merkmalen oder Anlagen und läßt sich – geistfern – nicht auf die Summe aller Erbfaktoren reduzieren.

Verändern kann sich der Mensch allerdings grundlegend, und zwar durch die Änderung der Inhalte seines Denkens und Glaubens... *verändert euch durch Erneuerung eures Sinnes* (Römer 12,2).

Dies ist der Schlüssel zum wirklich größten Geheimnis der Welt, das lautet: Das Reich Gottes befindet sich im Menschen. Das bedeutet, daß in seinem eigenen Unterbewußtsein unendliche Weisheit, grenzenlose Kraft, unerschöpfliche Liebe und die Lösung für jedes Problem beschlossen sind.

Der Mensch sucht überall, nur nicht in sich selbst, nach dem größten Geheimnis der Welt. Beginnen Sie jetzt gleich damit, die ungeheuren Kräfte in Ihrem Innern anzuzapfen, dann werden Sie Glück und Erfüllung erfahren – dank *Gott, der uns dargibt reichlich, allerlei zu genießen.* (1. Timotheus 6,17). *Der Herr sagt: Ich bin gekommen, daß sie das Leben und volle Genüge haben sollen* (Johannes 10,11).

Das Recht auf Reichtümer spiritueller und materieller Art

Es ist ganz normal und natürlich, daß Sie sich Wohlstand, Erfolg und Anerkennung wünschen. Sie sollten genügend Geld haben, um tun zu können, was Sie gerne tun möchten. Armut ist keine Tugend, sondern eine seelisch-geistige Krankheit, die ausgemerzt gehört. Reichtum ist zunächst und vor allem einmal ein Geisteszustand, genau wie Armut. Wir werden beispielsweise die Slums und Armenviertel auf unserer Erdkugel erst beseitigen können, wenn wir im Geiste der Menschen die Bewußtheit und den Glauben an die Notwendigkeit von Mangel und Not ausgeräumt haben.

Bei meinen Beratungsgesprächen höre ich immer wieder den Satz: »Alle meine Probleme ließen sich mit ein paar Tausendern lösen.« Menschen, die sich in finanziellen Engpässen befinden, wissen nicht, daß Wohlstand der Ausdruck einer bildhaften Vorstellung ist und daß sie, wenn sie ihr Unterbewußtsein mit Hilfe der in diesem Buch beschriebenen einfachen Techniken wirksam einsetzen, einen Zustrom ungeahnter Reichtümer erleben werden. Dies gilt natürlich genauso für Menschen, die an irgendeinem geistigen oder seelisch-gefühlsmäßigen Mangel leiden.

Es ist Ihr Recht und das Recht Ihrer Angehörigen, gute Nahrung, schöne Kleider, ein gemütliches, mit allem Komfort ausgestattetes Zuhause und das nötige Geld für die angenehmen Dinge des Lebens zu haben; es ist ihr gottgegebenes Recht, erfolgreich und glücklich zu sein. Notwendig für Ihr Gedeihen ist lediglich, daß Sie sich täglich die Zeit zum Meditieren oder – und das ist die schönste und wirksamste Art des Meditierens – zum Beten nehmen und sich dabei im Zustand völliger Entspannung Ihre Ziele vergegenwärtigen. Gedeihen bedeutet, daß Sie vorankommen, und zwar geistig, spirituell wie auch intellektuell, seelisch, gesellschaftlich, wirtschaftlich, materiell – kurz, auf der ganzen Linie.

Er entdeckte die Macht seines Unterbewußtseins

Vor einiger Zeit führte ich ein Beratungsgespräch mit einem
Mann, der, wie er meinte, von einer »Pechsträhne« heimgesucht
wurde. Auf seinem Haus lastete eine hohe Hypothek, und er
hatte nicht genügend Geld, um die Hypothekenzinsen zu bezahlen und zugleich für den notwendigsten Lebensunterhalt seiner
Familie aufzukommen. Die Arztrechnungen für seine Familie
beglich zum Beispiel sein Bruder. Der Mann versuchte seit Jahren
einen Teil seines Grundstückes zu verkaufen; aber niemand
wollte es haben. Er empfand sein Leben als »verpfuscht«.

Ich erklärte ihm, daß die seinem Unterbewußtsein innewohnende unendliche Weisheit ihm immer alles enthüllen könne, was
er wissen müsse, daß sie ihm Inspirationen, neue schöpferische
Ideen und natürlich auch die Lösung seiner finanziellen Probleme eingeben und ihn unfehlbar an seine Ziele führen könne.
Wenn er seinem Unterbewußtsein die richtigen Vorstellungen
einpräge, so sagte ich ihm, werde es ihm zu soviel Geld verhelfen,
wie er brauche, um finanzielle Unabhängigkeit zu erlangen und
seine Sorgen ein für allemal los zu sein.

Ich empfahl ihm, sich Reichtum und Erfolg bildhaft vorzustellen. Er stimmte mir darin bei, daß es überall Reichtümer gab
und daß er dazu geboren war, im Auf und Ab des Lebens zu
siegen, weil die ihm innewohnende unendliche Kraft nicht scheitern kann.

Wie ich ihm geraten hatte, entspannte er sich nun jeden Abend,
stellte sich geistig und gefühlsmäßig ruhig und sagte langsam,
voll tiefem Gefühl und Verständnis: »Reichtum, Erfolg; Reichtum, Erfolg.« Mit der durch diese Schlagwörter geweckten bildhaften Vorstellung von Reichtum und Erfolg sank er allabendlich
in den Schlaf. Er glaubte zutiefst, daß alles, was er seinem Unterbewußtsein einprägte, vergrößert auf dem Bildschirm des Raumes – das heißt in seinem Leben – sichtbar zutage treten würde.

Auf diese einfache Art prägte er vor dem Einschlafen dem
Unterbewußtsein seine letzten wachbewußten Gedanken ein.
Jeden Abend, wenn er sich »Reichtum und Erfolg« suggerierte,

aktivierte er die schlummernden Kräfte seines Unterbewußtseins. Diese mußten sich schließlich freisetzen, weil die Gesetze des Denkens und Glaubens ebenso zwingend sind wie die Naturgesetze. Wer so denkt, wird von innen heraus gezwungen, in seinem Leben Reichtum und Erfolg sichtbar zum Ausdruck zu bringen. Unser Unterbewußtsein – das Göttliche im Menschen – ist unsere beste Versorgungsquelle; und es steht fest, daß es den Menschen, der es nutzt, nie im Stich läßt, daß es seine Bedürfnisse ungeachtet äußerer Umstände erfüllt – sehr oft auf überraschende Weise.

So auch im Fall dieses Mannes. Aus heiterem Himmel erhielt er ein Angebot über fünfundzwanzigtausend Dollar für den Teil seines Grundstücks, den er seit zehn Jahren besaß und seit Jahren vergeblich zu verkaufen versucht hatte. Nun wurde das Grundstück für ein neues Bauvorhaben gebraucht, und weil mit dem Bau sofort begonnen werden sollte, bot man ihm diesen ausgezeichneten Preis. Zwei Wochen nach dieser glücklichen Wendung fand er auch eine neue Anstellung, durch die er als Abteilungsleiter in einem Großspeditionsunternehmen mehr als das Doppelte seines früheren Gehaltes verdiente.

Dieser Mann hatte entdeckt, daß es in seiner Umgebung – wie in seinem eigenen Inneren – ungeahnte Reichtümer gibt. Kraft seines Denkens und Glaubens hatte er die Verbindung zur Schatzkammer des unendlichen Geistes hergestellt.

Die Ihrem Unterbewußtsein innewohnende unendliche Weisheit kann *für* Sie nur tun, was sie *durch* Sie zu tun vermag. Ihr Denken, Glauben und Fühlen beherrschen Ihr Schicksal.

Sie glaubte zutiefst, was sie dachte

Eine Witwe, die jeden Morgen meine Rundfunksendung hört, schrieb mir vor kurzem einen sehr schönen Brief. Ihr Mann war vor einem Jahr gestorben. Zu seinen Lebzeiten hatte er es nicht für notwendig erachtet, irgendeine Versicherung abzuschließen, so daß sie mit ganzen fünfhundert Dollar, drei noch kleinen Kindern und einem durch eine Hypothek bis an die Grenze des

Tragbaren belasteten Haus dagestanden war. Freunde mußten sogar das Begräbnis ihres Mannes bezahlen.

Die Frau schrieb: »Ich hörte Sie im Radio aus der Bibel zitieren: *Mein Gott aber fülle aus alle eure Notdurft nach seinem Reichtum in der Herrlichkeit...* (Philipper 4,19). Sie sprachen ausführlich darüber und sagten: Wenn wir uns auf das Unendliche in uns einstimmen und in unserem Herzen glauben, wird die göttliche Gegenwart, was immer wir zu unserem Segen, unserem Trost oder unserer Inspiration brauchen, unweigerlich reagieren, wie es geschrieben steht: *...ehe sie rufen, will ich antworten; wenn sie noch reden, will ich hören* (Jesaja 65,24). Ich setzte mich hin und überließ mich dem Gedanken, Gott werde alle meine Bedürfnisse erfüllen und mein Gebet hören. Dieser Gedanke erfüllte mich ganz. Ich glaubte zutiefst, was ich dachte. Und mit einmal überkam mich ein starkes Gefühl des Friedens und der Harmonie. Etwa zwei Stunden später spazierte mein Schwager zur Tür herein und sagte, er wisse von meiner mißlichen Lage und sei im Bilde über die Verschwendungssucht und die kostspieligen Extravaganzen seines verstorbenen Bruders.«

Der Mann erklärte seiner Schwägerin, er wolle für sie und ihre drei Kinder sorgen und sicherstellen, daß künftig niemand von ihnen die Annehmlichkeiten eines geregelten Lebens entbehren müsse. Er gab der Witwe einen Barscheck über zehntausend Dollar, und dann veranlaßte er, daß der Frau auf Lebzeit jeden Monat ein bestimmter Betrag als Leibrente überwiesen wurde.

Die Witwe hatte erkannt, daß Gott alle ihre Bedürfnisse erfüllt und daß die Lösung eines jeden Problems in ihr vorhanden ist. Dank ihres Denkens und Glaubens wurde sie des Göttlichen in ihr gewahr und der Gaben dieser unerschöpflichen Schatzkammer, über die jeder Mensch verfügt, teilhaftig.

Er trug den Schlüssel zu Erfolg und Ansehen in sich

Ein junger Rechtsanwalt, der mehrere Prozesse verloren hatte, war der Verzweiflung nahe. Er bezweifelte seine Fähigkeiten und rieb sich in Selbstkritik und Vorwürfen auf. Zu allem Übel hatte er infolge von Fehlinvestitionen auch noch finanzielle Rückschläge erlitten und war in beträchtliche Schulden geraten.

Ich machte dem Mann klar, daß die Inhalte seines Denkens und Glaubens schöpferisch wirken und daß die sein Leben bestimmenden Zustände, Ereignisse und Erfahrungen ein genaues Spiegelbild seines gewohnheitsmäßigen Denkens, insbesondere seiner bildhaften Vorstellungen, sind. Aufgrund seines destruktiven Denkens habe er in seinem Leben Mangel und Einschränkung geschaffen, erklärte ich ihm; wenn er sich aber statt dessen regelmäßig und systematisch Vorstellungsbilder inneren Friedens, des Erfolgs und rechten Handelns vergegenwärtige und sich tief überzeugt als die neue Persönlichkeit, die er sein wolle und sich vorstelle, fühle, dann würden sich diese Denkinhalte in derselben naturgesetzlichen Folgerichtigkeit in seinem Leben verwirklichen.

Es ist tatsächlich wie in der Natur: Der Mensch erntet keine Trauben von Dornbüschen, keine Feigen von Disteln. Für den Menschen gilt wie ein Naturgesetz, daß sein Leben genau dem entspricht, was er den ganzen Tag über denkt. Und es ist eine wunderbare Wahrheit, daß positives, das heißt lebensbejahendes, aufbauendes Denken mächtiger ist als alle widrigen Lebensverhältnisse und -umstände. Dies bedeutet, daß alles, was Sie sich voll Gefühl und Überzeugung vorstellen, für Sie das erzeugt, was Sie als Erfahrung erleben wollen.

Ich empfahl dem Anwalt einen konkreten Meditationstext. Er solle sich, sagte ich ihm, immer wieder ins Gedächtnis rufen, daß in seinem Unterbewußtsein alle Schätze des Unendlichen beschlossen sind, sich drei- bis viermal täglich entspannen und langsam, ruhig, gefühlvoll beten:

»Heute ist der Tag des Herrn. Ich entscheide mich für Harmonie, Erfolg, Wohlstand, Sicherheit und gottgefälliges Handeln. Die mir innewohnende unendliche Weisheit Gottes offenbart mir den Weg, auf dem ich Besseres, täglich immer Besseres leiste.

Ich bin ein seelisch-geistiger Magnet: Ich ziehe unwiderstehlich Frauen und Männer an, die durch meinen Rat und meine in ihrem Interesse getroffenen Entscheidungen gesegnet, getröstet und zufriedengestellt werden. Ich werde den ganzen Tag über durch das Göttliche in mir geführt, und alles, was ich tue, gelingt mir. Göttliche Gerechtigkeit, göttliche Ordnung und göttliche Fügung beherrschen alle meine Unternehmungen, und was ich beginne, führt zum Erfolg.

Ich kenne die Gesetze des Geistes und bin mir voll bewußt, daß diese Wahrheiten, indem ich sie mir vergegenwärtige, in mein Unterbewußtsein sinken und sich ihrem Inhalt getreu verwirklichen werden. Es ist wunderbar.«

Der Anwalt solle, so bat ich ihn, besonders darauf achten, daß er innerlich nicht bezweifle, was er behaupte. Und wenn ihn Angst oder Selbstkritik anwandeln würde, dann solle er sofort bekräftigen: *Der Herr ist mein Hirte; mir wird nichts mangeln* (Psalm 23,1).

Im Laufe der nächsten Jahre brachte es der junge Mann zu großem Erfolg und Ansehen. Heute ist er ein bekannter Verteidiger in Strafsachen und Fachschriftsteller auf dem Gebiet des internationalen Strafrechts.

Wenn Ihre Gedanken die Gedanken Gottes sind, dann ist die Kraft Gottes in Ihrem Inneren und gebiert die wundervollen Gedanken an das Gute.

Ein Grundstücksmakler machte sein Glück

Nach einem meiner sonntäglichen Vorträge kam ein Immobilienmakler zu mir und bat mich um Hilfe. Er sagte, seine Geschäfte gingen rapide zurück, und er verstricke sich immer tiefer in Schulden, weil er hohe finanzielle Verpflichtungen eingegangen sei. Schon seit acht Monaten habe er kein Grundstück oder Haus mehr verkauft.

In dem Gespräch mit ihm stellte sich bald heraus, daß er die Verkaufspraktiken und das Vorgehen anderer Makler heftig kritisierte, und zwar größtenteils aus Neid und Eifersucht, weil diese »Konkurrenten« fast täglich Geschäfte abschlossen. Ich führte ihm vor Augen, daß Neid und Eifersucht ihn regelrecht arm machten; ich erklärte ihm, daß eine solch negative Geistes- und Gefühlshaltung Mangel, Eingeschränktheit und Elend in sein

Leben bringen mußte, weil solches Denken und Fühlen destruktive Folgen habe und dadurch alles, was er dachte und anderen wünschte, in seinem eigenen Leben Niederschlag fand. Jeder Mensch ist in seiner Welt der einzig maßgebende Denker und allein verantwortlich für die Art, wie er über sich selbst und über andere denkt. Denn der Inhalt seines Denkens gestaltet sein Leben.

Der Makler änderte seine Einstellung; er begann seinen Kollegen aufrichtig Erfolg, Wohlstand und alle Wohltaten des Lebens zu wünschen. Nachstehendes Gebet verhalf ihm zu seiner neuen Lebenseinstellung:

»Ich bin ein Kind Gottes, und seine Reichtümer strömen mir frei, ungehindert, aus unversiegbarer Quelle zu. Ich werde in jeder Weise täglich bereichert. Ich bringe es zu Erfolg, Glück, Wohlstand. Ich erziele glänzende Verkaufsergebnisse. Ich zapfe jetzt die reichen Quellen meines Unterbewußtseins – des Göttlichen in mir – an, und die Folgen werden wunderbar sein. Ich weiß, daß ich ernten werde, was ich säe, denn es steht geschrieben: *Was du wirst vornehmen, wird er dir lassen gelingen; und das Licht wird auf deinem Wege scheinen* (Hiob 22,28).«

Heute ist der Mann Verkaufsleiter und lehrt andere, wie man klug, weise und konstruktiv verkauft.

Eine Meditationshilfe zur Entfaltung aller Kräfte

Wenn Sie die nachfolgende Meditationsübung konsequent durchführen, dann wird sie Ihnen helfen, all jene Hürden zu nehmen, die einem erfüllten, reichen Leben im Wege stehen.

»Ich weiß, daß ›gedeihen‹ bedeutet, allumfassend zu wachsen. Gott läßt mich jetzt seelisch-geistig sowie körperlich und materiell, kurz, auf der ganzen Linie gedeihen. Gottes Kraft entfaltet sich unaufhörlich in mir und entwickelt durch mein Unterbewußtsein Ideen, die mir Gesundheit, Wohlstand und vollkommene göttliche Selbstverwirklichung angedeihen lassen.

Ich erbebe innerlich, und ich fühle, wie das Leben Gottes mein ganzes Sein erfaßt. Ich weiß, daß das Göttliche mich jetzt erfüllt und stärkt. Strahlende Gesundheit und vitale Energie sind der äußere Ausdruck meiner inneren Kraft.

Mein Beruf ist eine göttliche Aktivität und kann deshalb für mein Wohlbefinden nur erfolgreich und gedeihlich sein. Ich stelle mir vor und fühle, daß in meinem Körper, meiner Seele, meinem Geist innere Unversehrtheit wirkt. Ich danke und freue mich an meinem erfüllten, reichen Leben.«

Zusammenfassung

1. Der Mensch ist hier auf Erden, um ein reiches Leben zu führen, ein Leben voll Glück, Freude, Gesundheit und Erfüllung. Es ist Ihr Anrecht und der eigentliche Sinn Ihres Daseins. Beginnen Sie damit, die Reichtümer der seelisch-geistigen Schatzkammer in Ihrem Inneren freizusetzen, jetzt gleich!

2. Die wirklichen Reichtümer liegen in Ihrem Unterbewußtsein. Ein Geologe, der an sein unterbewußtes Führungsprinzip glaubte, stieß binnen kürzester Zeit auf eine Uran- und eine Silbermine; sein Kollege dagegen, der sich ausschließlich auf modernste Geräte verließ, fand innerhalb dreier Wochen intensiven Suchens nichts.

3. Das größte Geheimnis der Welt lautet, daß dem Menschen der lebendige Geist – Geist von seinem Geist: Gott – innewohnt. Doch die meisten Menschen suchen überall, nur nicht in sich selbst, nach Erfolg, Glück, Reichtum und Erfüllung. Gott ist das Lebensprinzip, die unendliche Weisheit und die grenzenlose Kraft im Menschen und wirkt in uns allen über den Weg unseres Denkens und unserer Vorstellungsinhalte.

4. Armut ist eine seelisch-geistige Krankheit, denn Glauben an Armut und Mangel kann nur Einengung und Knappheit hervorrufen. Reichtum dagegen ist zunächst und vor allem einmal – ebenso wie Armut – ein Geisteszustand. Glauben Sie an ein auf der ganzen Linie reiches Leben, und Sie werden es empfangen. Vor der Beseitigung der Slums und der Armenviertel in unseren Großstädten beispielsweise muß daher die Notwendigkeit stehen, die Bewußtheit und den Glauben an die Notwendigkeit von Mangel und Not im Geiste der Menschen auszuräumen.

5. Sie können die Schätze Ihres Unterbewußtseins anzapfen, indem Sie um Erfüllung, Reichtum, Sicherheit und richtiges Tun beten. Machen Sie es sich zur Gewohnheit, über diese

Wahrheiten zu meditieren, und Ihr Unterbewußtsein – das Göttliche im Menschen – wird entsprechend reagieren. Wenn Sie sich jeden Abend vor dem Einschlafen entspannen und geistig und gefühlsmäßig die Vorstellung von »Reichtum und Erfolg« Ihrem Unterbewußtsein zuführen, dann aktiviert diese Suggestion die schlummernden göttlichen Kräfte in Ihnen. Diese setzen sich frei, und aus Ihrem Inneren heraus werden Sie geradezu gezwungen sein, in Ihrem Leben Reichtum, Erfolg und Wohlstand sichtbar zum Ausdruck zu bringen.

6. Die Ihrem Unterbewußtsein innewohnende unendliche Weisheit kann nur durch Sie selbst für Sie wirksam werden. Ihr Denken, Glauben und Fühlen beherrschen Ihr Schicksal. Wenn Sie glauben, daß die Ihrem Unterbewußtsein innewohnende unendliche Weisheit von Natur aus auf Ihre Bitten reagiert, werden Sie immer eine Antwort erhalten – oft in ungeahnter Weise.

7. Ihre Gedanken sind schöpferisch und bestimmen somit Ihr Handeln. Gedanken an Beförderung, Wohlstand, Expansion und Erfolg verwirklichen sich – vorausgesetzt, Sie glauben an das, was Sie denken. Tun Sie das nicht, so handeln Sie, als würden Sie Säure und Lauge mischen, die sich bekanntlich neutralisieren. Halten Sie konsequent an Ihren positiven Gedanken fest, denn Gedanken sind Kräfte. Was immer Sie denken, ziehen Sie an, und was immer Sie sich vorstellen, werden Sie. Denn der Inhalt Ihres Denkens gestaltet Ihr Leben.

8. Achten Sie darauf, daß Sie andere nicht um Erfolg oder Wohlstand beneiden. Ihr Denken ist schöpferisch, und wenn Sie gegenüber wohlhabenden oder erfolgreichen Menschen kritisch, neidisch oder eifersüchtig sind, machen Sie sich selbst in allen Bereichen arm. Was Sie über andere denken, das erzeugen Sie unweigerlich in Ihrem eigenen Leben.

9. Was Sie wirklich als wahr empfinden und wofür Sie sich kraft Ihres Glaubens und Ihrer Überzeugung entscheiden, das trifft auch ein. Entscheiden Sie sich daher für Gesundheit, Schönheit, Sicherheit, Wohlstand und rechtes Handeln.

Was du wirst vornehmen, wird er dir lassen gelingen; und das Licht wird auf deinem Wege scheinen (Hiob 22,28).

10. Führen Sie die angegebene Meditationsübung konsequent durch, um zu einem reichen, erfüllten Leben zu gelangen.

KAPITEL 2

Wie Sie sich Ihrer kosmischen Kraft bewußt werden

Einer der sehnlichsten, tiefsitzenden Wünsche des Menschen ist es, die Anerkennung seines Wertes zu erreichen – geachtet, geliebt und geschätzt zu werden. Der schottische Schriftsteller und Historiker Thomas Carlyle sagte: »Eines der gottähnlichen Dinge auf dieser Welt ist die Verehrung des menschlichen Wertes von den Herzen der Menschen her.«

Der Psalmist mahnt den Menschen mit nachstehenden majestätischen Worten der Weisheit, sein eigenes Ich zu schätzen (Psalm 8,4-9):

Wenn ich sehe die Himmel, deiner Finger Werk, den Mond und die Sterne, die du bereitet hast: was ist der Mensch, daß du seiner gedenkst, und des Menschen Kind, daß du dich seiner annimmst? Du hast ihn wenig niedriger gemacht denn Gott, und mit Ehre und Schmuck hast du ihn gekrönt. Du hast ihn zum Herrn gemacht über deiner Hände Werk; alles hast du unter seine Füße getan. Schafe und Ochsen allzumal, dazu auch die wilden Tiere, die Vögel unter dem Himmel und die Fische im Meer und was im Meer geht.

In beredten, schönen Worten spricht David hier von den ungeheuren Möglichkeiten des Menschen. Und wir heute erleben, daß der Mensch den Weltraum erforscht, bereits den Mond betreten hat und zweifellos noch in unserer Zeit andere Planeten anfliegen wird. Wir sind Zeugen des Wirkens der unendlichen Weisheit im Menschen, das wir an der Überfülle menschlicher Entdeckungen und Errungenschaften erkennen. Die Wissenschaftler sagen, daß wir im Zeitalter des Lichts und der Überschallgeschwindigkeit, der Elektrizität und Elektronik, des Ra-

dios und Radars leben – und alle diese Wunder kommen aus dem
Geist des Menschen.

Ein Mathematiker behauptete mir gegenüber, die Welt sei nur
mit abstrakten Begriffen zu erklären, und Ereignisse, die heute
zu Lande, zu Wasser und in der Luft geschähen, könnten nur
Physiker und Mathematiker verstehen.

Der Mensch erforscht heute aber auch die Meere seines tieferen
Geistes und wird sich allmählich des Reiches Gottes, das in
seinem Inneren ist, bewußt. Die parapsychologischen Forschungen an der Duke University in Durham, USA, und in vielen
anderen wissenschaftlichen Laboratorien der ganzen Welt gelten
den immensen Geisteskräften des Menschen, die sich in so er-
staunlichen Fähigkeiten wie jenen der außersinnlichen Wahrnehmung (ASW) – volkstümlich »Telepathie« und »Hellsehen« –
sowie der Psychokinese (PK), also der Beeinflussung materieller,
auch biologischer Prozesse kraft des Geistes, offenbaren.

Kosmisches Bewußtsein verhalf einer Frau zur Selbstachtung

Vor einiger Zeit schrieb mir eine Frau aus Arizona, ihre Schwägerin und ihre Schwiegermutter würden sie nicht mögen und ihr
offen ins Gesicht sagen, daß ihnen die frühere Frau des Bruders
bzw. Sohnes viel lieber gewesen sei. Die beiden luden die Frau
nie zu sich ein und empfingen ihren Mann immer nur, wenn er
allein kam. Und obwohl die Frau ihr möglichstes tat, nett zu
sein, fanden die anderen für sie nur Worte der Kritik: sie kritisier-
ten ihre Kochkunst, Wohnung, Kleidung und Redeweise. Die
Frau sagte, sie fühle sich abgelehnt und minderwertig. Sie schloß
mit der Frage: »Warum tun sie das, was stimmt an mir nicht?«

In meinem Antwortbrief machte ich ihr klar, daß sie unnötig
und ohne eigentlichen Grund leide, daß sie die Kraft habe, die
giftigen Äußerungen, all die Unhöflichkeiten und Grobheiten
ihrer Verschwägerten zurückzuweisen. Ich wies sie darauf hin,
daß sie ihre Schwiegermutter und ihre Schwägerin nicht erschaffen habe und nicht für deren Eifersucht, Neid und Komplexe
verantwortlich sei. Dann gab ich ihr den Rat, die beiden keine

Sekunde länger zu umwerben und sich von ihnen nicht mehr als »Fußabstreifer« benützen zu lassen. Es könne sehr gut sein, fügte ich hinzu, daß ihr Charme, ihre Anmut, ihre Freundlichkeit und ihr nettes Wesen die beiden Frauen ärgerten und daß diese sie nur deswegen quälten. Zum Schluß empfahl ich ihr, alle Beziehungen mit den beiden abzubrechen und aufzuhören, sich selbst herabzusetzen, indem sie sich von ihnen abhängig fühlte.

Diese Frau bedurfte dringend der eigenen Selbstachtung und Selbstschätzung, darum gab ich ihr nachstehendes Gebet, das sie dreimal täglich sprechen sollte:

»Ich überantworte die beiden Frauen voll und ganz Gott. Gott hat sie erschaffen und erhält sie. Ich strahle ihnen gegenüber Frieden, Freundlichkeit und Wohlwollen aus und wünsche ihnen alle Segnungen des Himmels. Ich bin ein Kind Gottes. Gott liebt mich und sorgt für mich. Wenn mir ein negativer Gedanke des Ärgers oder Grolls, der Angst, Selbstkritik oder Selbstverurteilung kommt, ersetze ich ihn sofort durch den Gedanken an Gott, der in meiner Mitte weilt. Ich weiß, daß ich die vollständige Kontrolle über meine Gedanken und Gefühle habe. Ich bin ein Kanal für das Göttliche. Ich dirigiere jetzt alle meine Gefühle und Empfindungen in eine harmonische, konstruktive Richtung um. Einzig Gedanken, die Gottes Gedanken sein könnten, kommen mir in den Sinn; sie bringen mir Harmonie, Gesundheit und Frieden. Sobald ich in Versuchung gerate, mich herabzusetzen oder zu erniedrigen, bekräftige ich voll Festigkeit: ›Ich preise Gott in meiner Mitte. Ich bin eins mit Gott, und zusammen mit Gott bildet man immer eine Mehrheit. Wenn Gott für mich ist, wer kann da gegen mich sein?‹«

Die Frau hielt sich an meine Empfehlungen und sprach das Gebet regelmäßig. Vor ein paar Tagen nun schrieb sie mir, daß ihr Gebet erhört worden sei:

Sehr geehrter Herr Dr. Murphy!

Vielen Dank für Ihren Brief und das beigeschlossene Gebet. Ich rief meine Verwandten an und sagte ihnen, sie sollten uns nicht mehr besuchen, außer wenn mein Mann und ich eine besondere Einladung aussprechen würden. Des weiteren sagte ich ihnen, daß ich ihnen aufrichtig alles Gute wünsche – und ich meinte es auch so. Ich sehe jetzt, wo ich meine Fehler machte und wie ich mich selbst behinderte, indem ich meinte, ich sei geringer als sie.

Das Gebet hat Wunder für mich gewirkt, und mein Mann sagte neulich zu mir: »Meine Liebe, du strahlst ja. Was ist los mit dir?« Ich erzählte es ihm. Wir sind beide so dankbar.

Gezeichnet Mrs. L. M.

Ist es nicht einfach wunderbar, was die Ausrichtung des menschlichen Geistes auf seine kosmische Dimension vermag?

Nur wer sich selbst achtet, vermag auch die Mitmenschen zu achten

Vor einiger Zeit führte ich ein Gespräch mit einem Verkäufer, der sagte, er sei schüchtern, scheu, verbittert und betrachte die Welt als hart und grausam. Tatsächlich versuchte er sich davor zu drücken, die rechtmäßige Herrschaft über sein Leben zu übernehmen: er behauptete, seine Frau, sein Chef und seine Kollegen würden ihn nicht schätzen, und seine Kinder sähen auf ihn herab.

Das Grundübel lag bei diesem Mann darin, daß er ein tiefverwurzeltes Gefühl der Unsicherheit und Untauglichkeit hatte und sich selbst nicht mochte. Er fragte: »Wie kann ich erreichen, daß die anderen mich schätzen?«

Ich rief ihm das große Wort aus der *Heiligen Schrift* ins Gedächtnis: *Du sollst deinen Nächsten lieben wie dich selbst* (Matthäus 19,19).

Mit dem »Nächsten« sind Sie persönlich gemeint, denn Ihr wirkliches Selbst ist Gott in Ihnen. Der Dichter Alfred Lord Tennyson sagte (in wortwörtlicher Übersetzung): »Sprich mit ihm, denn er hört, und Geist und Geist können sich treffen. Näher ist er als der Atem, und näher als Hände und Füße.«[*]
Außerdem bedeutet dieses Wort, daß man seine Mitmenschen

---

[*] The Higher Pantheum, Stanze 6.

lieben soll wie sich selbst. Ich enthüllte dem Verkäufer die Wahrheit über seine eigene Person und erklärte ihm, wie er mit Hilfe nachstehender Überlegungen lernen könne, sich selbst mehr zu schätzen und zu lieben: Wenn ein Mensch sich herabwürdigt, verabscheut und haßt, kann er anderen keine Achtung, Freundlichkeit und Wertschätzung entgegenbringen, geschweige denn andere aufrichten oder mit Freude erfüllen; *denn es ist ein kosmisches Gesetz des Geistes, daß der Mensch seine Gedanken, Gefühle und Überzeugungen ständig projiziert; und was er aussendet, kommt auf ihn zurück.*

Der Mensch ist eine Gestaltwerdung des unendlichen Geistes, er ist mit göttlichen Eigenschaften und Kräften ausgestattet, die nur darauf warten, in ihm erweckt und sichtbar zum Ausdruck gebracht zu werden. Der Mensch muß den ihm innewohnenden Gott lieben und ehren.

Die wahre Bedeutung der Eigenliebe

Sich selbst zu lieben bedeutet in der wahren biblischen Auslegung, den dem eigenen Inneren innewohnenden lebendigen Geist anzuerkennen, zu ehren, zu preisen, zu achten und ihm bedingungslos treu zu sein. Dieser Geist, die Summe höchster Weisheit, hat Sie erschaffen und erhält Sie, er ist das Lebensprinzip in Ihnen. Solche Selbstliebe hat nichts mit Egoismus oder Selbsterhöhung zu tun, sondern sie ist – ganz im Gegenteil – ein Zeichen der Verehrung für das Göttliche, das unsere Wege gestaltet. In der Bibel heißt es, daß unser Körper ein Tempel Gottes ist; deshalb müssen Sie, wie Paulus sagt, *Gott in Ihrem Leib und Ihrem Geist preisen* (siehe 1. Korinther 6,20). Wenn Sie Ihr Ich achten, ehren und lieben, dann lieben, achten und ehren Sie automatisch auch andere.

Der Verkäufer hörte mir aufmerksam zu und sagte schließlich: »So hat mir das noch niemand erklärt. Ich weiß jetzt genau, was ich falsch gemacht habe. Ich habe mich selbst nicht gemocht, war voller Vorurteile, Unwillen und Bitterkeit, und was ich ausgestrahlt habe, ist auf mich zurückgefallen. Jetzt habe ich klaren Einblick in mich selber.«

Mehrmals täglich bekräftigte der Mann nun die nachstehenden Wahrheiten voll tiefer Überzeugung und in dem Wissen, daß sie von seinem Bewußtsein in sein Unterbewußtsein sinken und wie Samen gemäß ihrer Art aufgehen würden:

»Ich weiß, daß ich nur geben kann, was ich habe. Von diesem Augenblick an werde ich die gebührende Achtung vor meinem wirklichen Ich haben, das Gott ist. Ich bin ein Ausdruck Gottes, und Gott braucht mich an dem Platz, an dem ich stehe; sonst wäre ich nicht dort. Von diesem Augenblick an ehre, achte und preise ich das Göttliche in allen Menschen auf Erden. Ich habe Ehrfurcht vor dem höheren Selbst eines jeden Menschen und schätze es. Ich bin eins mit dem Unendlichen. Ich bin ungeheuer erfolgreich und wünsche allen Menschen, was ich mir selbst wünsche. In mir ist Friede.«

Der Mann hat sein Leben grundlegend verändert. Er ist nicht mehr scheu, schüchtern oder empfindlich und kommt mit Riesenschritten vorwärts. Dasselbe können Sie erreichen! Lernen Sie Ihr wahres Ich, Ihr höheres Selbst lieben, dann lernen Sie andere lieben und achten.

Was, Mensch, du siehst, mußt du auch werden:
Gott, wenn Gott du siehst, Staub, wenn Staub du siehst.
(Anonymus)

Ein Mann überwand seine Selbstverurteilung
durch Anwendung der goldenen Regel

Vor mehreren Monaten schrieb mir ein Mann, er könne nicht verstehen, warum jeder in seiner Umgebung ihn ärgere. Auf meine Empfehlung hin kam er zu mir, und in dem Gespräch mit ihm fand ich bald heraus, daß er es war, der seine Mitmenschen ständig vor den Kopf stieß. Er mochte sich selber nicht, verurteilte sich ständig. Sein Ton war angespannt und gereizt, seine bissige Redeweise ging einem auf die Nerven. Von sich selber dachte er niedrig, und anderen gegenüber war er überaus kritisch und unverträglich.

Ich erklärte ihm, daß er zwar glaube, selbst schuldlos unglückliche Erfahrungen mit seinen Mitmenschen zu machen, daß in Wirklichkeit aber seine Beziehungen zu anderen Menschen von seinem abwertenden Denken über sich selbst und seinen eigenen Minderwertigkeitsgefühlen so nachteilig bestimmt würden. Ausführlich erläuterte ich ihm die Tatsache, daß er, solange er sich selbst nicht möge, keine Freundlichkeit und keine Achtung für andere empfinden könne, weil er gemäß einem Gesetz des Geistes seine Gedanken und Gefühle immer auf die Menschen seiner Umgebung projiziere.

Der Mann begriff, daß er, solange er Gefühle des Unwillens, der Voreingenommenheit und Verachtung auf andere projizierte, genau dies zurückbekam, weil seine Welt ein Spiegelbild seiner Haltungen und Stimmungen war.

Ich gab ihm eine spirituelle Formel, mit deren Hilfe er, so sagte ich ihm, seine Gereiztheit und Arroganz überwinden könne. Er beschloß, die darin enthaltenen Gedanken ganz bewußt seinem Unterbewußtsein einzuprägen:

»Ich wende ab sofort die goldene Regel an, die besagt, daß ich denke, spreche und anderen gegenüber handle, wie ich wünsche, daß andere über mich denken, von mir sprechen und mir gegenüber handeln. Ich gehe heiter meines Weges, und ich bin frei, denn ich gewähre allen Freiheit. Ich wünsche allen Menschen, denen ich begegne, aufrichtig Frieden, Wohlergehen und Erfolg. Ich bin immer gelassen, heiter und ruhig. Der Frieden Gottes durchströmt meinen Geist und mein ganzes Wesen.

Andere schätzen und achten mich, wie ich mich selbst schätze. Das Leben zeichnet mich über die Maßen aus, denn es sorgt reichlich für mich. Die kleinen Dinge des Lebens ärgern mich nicht mehr. Wenn Angst, Sorge, Zweifel oder Kritik seitens anderer mich erreichen, wird der Glaube an das Gute, an Wahrheit und Schönheit den Raum meines Geistes erfüllen und nichts Abträgliches einlassen. Die Aussagen und Suggestionen anderer haben über mich keine Macht. Machtvoll ist nur mein eigenes Denken. Wenn ich Gutes denke, ist Gottes Macht mit mir und unendliche Kraft in meiner Entfaltung des Guten.«

Diese Wahrheiten bekräftigte der Mann morgens, mittags und

abends; er lernte das ganze Gebet auswendig und legte Liebe, Leben, den vollen Sinn in seine Worte, und wie durch Osmose sanken die Inhalte seines Bewußtdenkens langsam in die unterschwelligen Schichten seines Unterbewußtseins und prägten sich ihm ein. Vor ein paar Tagen kam nun ein Brief von ihm:

> Sehr geehrter Herr Dr. Murphy,
> darf ich Ihnen zunächst für alle die Gefühle der Ruhe und des Glücks, die ich jetzt habe, danken. Ich weiß sehr wohl, daß sie von meinem neuen Verständnis meines Geistes und seiner Wirkungsweise hervorgerufen werden. Ich weiß, warum ich eine hohe Meinung von mir selber und von allen Menschen habe. Ich ehre mich selbst, und indem ich dies tue, ehre ich Gott; das weiß ich jetzt.
> Ich bin im Begriff, mich in jeder Hinsicht zu entwickeln und meine Fähigkeiten zu entfalten. Ich komme gut voran und wurde in den letzten zwei Monaten zweimal befördert! Ich kenne die Wahrheit des Wortes: *Und ich, wenn ich erhöht werde..., so will ich sie alle zu mir ziehen.**
> Ihr dankbarer E. J.

Der Brief veranschaulicht, wie ein Mensch Gereiztheit und Geringschätzung seiner selbst und gegenüber den Mitmenschen überwinden kann. Dieser Mann erkannte, daß die Wurzeln seiner Schwierigkeiten in ihm selbst lagen. Er beschloß, sein gewohnheitsmäßiges Denken, seine Gefühlseinstellung und seine Reaktionen zu ändern, und erreichte dieses Ziel. Jeder Mensch kann dies tun. Dazu braucht man lediglich Entschlossenheit, Beharrlichkeit und den aufrichtigen Wunsch, sich ändern zu wollen. *So gehe hin und tue desgleichen* (Lukas 10,37).

---

* Johannes, 12,32.

Mittels Selbsterkenntnis zu Selbstschätzung

Ein Astronom, mit dem ich befreundet bin, erzählte mir, er habe jahrelang mit dem Teleskop den Himmel durchforscht, um dem Rätsel der Schöpfungsgeschichte und dem Rätsel des Universums auf die Spur zu kommen, doch in letzter Zeit habe er in sich selbst zu schauen begonnen. Dabei sei ihm eingefallen, daß er ja unvermeidlicherweise »am kleinen Ende« des Teleskops in dieser Welt stehe, und dieses Ende sei das Wichtige: er habe erkannt, daß Gott, das ganze Geheimnis der Schöpfung und das Rätsel des Kosmos im Menschen zu suchen und zu finden sind.

Wenn der Mensch sich selbst kennenlernt, lernt er das Universum kennen. Es ist jetzt an der Zeit, den Analytiker zu analysieren! Bei dem Versuch, Glück, Frieden und Wohlergehen außerhalb seiner selbst zu finden, hat der Mensch es versäumt, in sich selbst zu blicken, auf die unendliche Schatzkammer seines Geistes, durch den er Anteil am kosmischen Geist hat.

Wo wollen Sie Gelassenheit, Frieden und Glück finden, wenn nicht in Ihrem eigenen Geist, aufgrund Ihrer seelisch-geistigen Ausgeglichenheit und eines Gefühls des Einsseins mit den ewigen Wahrheiten und unveränderlichen Werten des Lebens? William Shakespeare sagte: »Welch ein Meisterwerk ist der Mensch! Wie edel durch Vernunft! Wie unbegrenzt an Fähigkeiten! In Gestalt und Bewegung wie bedeutend und wunderwürdig, im Handeln wie ähnlich einem Engel! Im Begreifen wie ähnlich einem Gott!«

Und Ralph Waldo Emerson sagte: »Es gibt einen Geist, der allen Menschen gemein ist, und jeder Mensch ist ein Einlaß für denselben und ist ganz derselbe.« Des weiteren: »Wer rechtmäßigen Zugang hat zum Verstand, der ist Meister des gesamten Besitztums.«

Glauben Sie dies! Erkennen Sie, daß die unendliche Weisheit des Geistes kosmischer Dimensionen sich in Ihnen befindet und daß die unendliche Heilgegenwart Gottes alle Ihre lebenswichtigen Organe sowie alle biologischen Vorgänge und Funktionen Ihres Körpers steuert. Sie haben die Fähigkeit, sich zu entscheiden, die Ihnen innewohnenden Fähigkeiten und immensen Kräfte einzusetzen. Wenn Sie diese bewußt, entschieden und konstruktiv nutzen, werden Sie, wie Emerson sagte, »Meister des gesamten Besitztums«.

Mit einer tiefen Erkenntnis regt Emerson Sie zu einer erweiterten Auffassung von sich selbst an: »Was Platon gedacht hat, kann der Mensch denken; was ein Heiliger gefühlt hat, kann er fühlen; was zu irgendeiner Zeit irgendeinem Menschen eingefallen ist, kann er verstehen. Wer Zugang zum Universalgeist hat, ist Teil all dessen, was ist oder was getan werden kann, denn dieser Geist ist der einzige, der souverän Handelnde.«

Ralph Waldo Emerson war der größte amerikanische Philosoph und einer der größten Denker aller Zeiten. Er hielt sich ständig auf das Unendliche eingestimmt und drängte die Menschen, ihre grenzenlosen inneren Möglichkeiten und Fähigkeiten freizusetzen. Emerson lehrte die Menschen, sich ihrer Würde und Großartigkeit bewußt zu werden, und er verdeutlichte seinen Hörern, daß uns die Großen nur groß erscheinen, weil wir auf den Knien liegen – und daß wir Platon und anderen Heroen des Geistes Größe zuerkennen, weil sie sich bei ihren Handlungen nach dem richteten, was sie selbst als wahr erkannt hatten, und nicht nach dem, was andere Menschen glaubten oder ihnen zu glauben aufzwingen wollten.

Beginnen Sie eine Vorstellung von sich selbst als einem edlen und würdigen Menschen zu entwickeln und denken Sie an das Wort des Psalmisten: *Ich habe wohl gesagt: Ihr seid Götter und allzumal Kinder des Höchsten...*« (Psalm 82,6).

Dank neuer Selbsteinschätzung besserte sich ihre Gesundheit

Dieser Brief einer Frau, die zu einer neuen Selbsteinschätzung fand, spricht für sich selbst:

Sehr geehrter Herr Dr. Murphy,
　　hiermit möchte ich Ihnen dafür danken, daß Sie *Das Wunder Ihres Geistes* geschrieben haben. Ich habe das Buch immer wieder gelesen, sechzehnmal; aber noch viel öfter habe ich die

Techniken angewendet, die Sie empfehlen. Ich habe aufgehört, zu jammern und zu klagen, und ich bin nicht mehr bitter oder haßerfüllt.

Mein Mann verließ mich vor einem Jahr wegen einer jüngeren Frau. Ich litt unter so heftiger Wut, daß mein Arzt sagte, das plötzliche Auftreten von Arthritis werde durch meinen emotionellen Schock, durch Ärger und Haß verursacht. In den vergangenen drei Monaten habe ich mir jeden Tag vorgesagt, wie Sie es empfehlen, daß mein Leib ein Tempel des lebendigen Gottes ist und daß ich Gott in meinem Leib preise. Jeden Tag in den vergangenen paar Monaten bekräftigte ich morgens, mittags und abends etwa fünfzehn Minuten lang, daß Gottes Liebe jedes Atom meines Wesens durchdringt und daß seine himmlische Gegenwart mein ganzes Wesen erfüllt. Ich betete auch für meinen ehemaligen Mann.

In meinem Körper ging eine bemerkenswerte Wandlung vor sich; die Ödeme und die unerträglichen Schmerzen sind verschwunden, die Elastizität und Beweglichkeit meiner Gelenke haben sich beachtlich verbessert, und die Kalkablagerungen lösen sich allmählich auf. Mein Arzt ist ganz begeistert, und ich bin es auch.

Ich mache mir weiterhin klar, daß ich ein Kind Gottes bin und daß Gott mich liebt und für mich sorgt. Ich weiß, daß diese neue Selbsteinschätzung in meinem Leben Wunder wirkt. Aller Haß gegenüber meinem ehemaligen Mann ist verflogen, und ich bin auf dem Weg zu vollkommener Gesundheit. Göttliches Recht und göttliche Ordnung beherrschen mich.

Ich bin Ihnen ewig dankbar für Ihre Schriften.

Frau W. M.

Diese Frau hat entdeckt, was die Kraft echter Wertschätzung ihres wahren Ich bewirken kann. Als sie an sich selbst als Tempel, in dem Gott wohnt, zu denken begann und anfing, die göttliche Gegenwart in ihrem Inneren zu ehren und zu preisen, fand sie zu einer neuen Einstellung, die sich als ein Zustand des Friedens und Selbstvertrauens, der Freude, Vitalität, Unversehrtheit und freundlichen Wohlwollens geltend machte.

Als sie sich selbst zu achten und mit Wohlwollen zu betrachten begann, verschwand all ihr Haß, und Freundlichkeit füllte die entstandene Leere aus. Ein freundliches Wesen ist eine Garantie für Gesundheit, Glück, Erfolg und Wohlergehen.

Eine Formel für geschäftlichen Erfolg

Ein namhafter Geschäftsmann in Los Angeles erzählte mir, daß das Geheimnis seines Erfolges und Wohlstandes eine große Wahrheit sei, die er gelernt habe und jeden Tag demonstriere. Hier seine Formel:

»Ich weiß, daß in jedem Menschen das gleiche Göttliche ist wie in mir; deshalb würde ich, wenn ich einen Mitmenschen verletzte, mich selbst verletzen, und das wäre unvertretbar. Da ich dies weiß, wende ich die schönste aller Formeln an. Ich begrüße und preise das Gute in jedem Menschen, mit dem ich zu tun habe. Ich mache es mir zur Aufgabe, neben den meinen immer auch die Interessen des anderen zu fördern, und ich weiß, daß ich, indem ich dies tue, am besten zu meinem eigenen Vorteil handle. Ich weiß: Wenn er sein Glück macht, mache ich auch mein Glück.«

Wenden auch Sie diese einfache Formel an, dann werden Sie sich mehr achten und mehr lieben. Und Sie werden Steine sehen, die zu Ihnen sprechen, auch Bäume und Tiere, und überschäumende Bäche, die Lieder singen. Sie werden Gott in allem entdecken und Gott auch in Ihren Mitmenschen begrüßen.

Zusammenfassung

1. Einer der tiefsten Herzenswünsche des Menschen ist es, die Anerkennung seines wirklichen Wertes zu finden, und das heißt, geachtet, geschätzt und geliebt zu werden.

2. Wissenschaftliche Forschungen in aller Welt enthüllen die ungeheuren Kräfte, die in jedem Menschen schlummern, beispielsweise seine Fähigkeit, unabhängig von den körperlichen Sinnen und Organen zu sehen, zu hören, zu fühlen – die Parapsychologen bezeichnen diese Fähigkeit als außersinnliche Wahrnehmung (ASW).

3. Sie haben die Kraft, alle destruktiven Suggestionen und Bemerkungen zerstörerischer Kritik anderer zurückzuweisen. Immer wenn Sie dazu tendieren, sich selbst allzu hart zu kritisieren, herabzusetzen oder zu verurteilen, sollten Sie sofort bekräftigen. »Ich preise Gott in meiner Mitte.«

4. »Liebe deinen Nächsten wie dich selbst« – dies bedeutet, daß Sie die Ihnen innewohnende Gotteskraft, Ihr höheres Selbst, ehren, preisen, schätzen, lieben und ihr vollkommen treu sein sollen. Echte Eigenliebe hat nichts mit Egoismus, Selbsterhöhung oder morbider Selbstsucht zu tun. Im Gegenteil, sie ist ein Zeichen der Verehrung des Ihnen innewohnenden Göttlichen, der wahren Wirklichkeit aller Menschen.

5. Was Sie ausstrahlen, kommt zu Ihnen zurück. Das Leben ist ein Spiegelbild Ihres Denkens. Begegnen Sie darum allen Menschen und der ganzen Welt mit freundlichem Wohlwollen und dem Wunsch, sie möchten der Wohltaten Gottes teilhaftig werden, dann werden Ihnen selbst zahllose Segnungen zuteil werden. Bestärken Sie sich in Ihrer Selbstschätzung, indem Sie bewußt über folgende Wahrheiten nachsinnen: »Ich weiß, daß ich nur geben kann, was ich habe. Von diesem Augenblick an werde ich die gebührende Achtung vor meinem wirklichen Ich haben, das Gott ist. Ich habe Ehrfurcht vor dem höheren Selbst eines jeden Menschen und schätze es.«

6. Wenn Sie von sich selbst gering denken, können Sie von anderen nicht gut denken, weil Sie immer Ihr eigenes abwertendes Denken und Ihre Minderwertigkeitsgefühle auf Ihre Mitmenschen projizieren. Die goldene Regel wenden Sie an, wenn Sie im Hinblick auf die anderen so denken, sprechen und handeln, wie Sie möchten, daß andere über Sie denken, von Ihnen sprechen und Ihnen gegenüber handeln. Wünschen Sie allen Menschen, was Sie sich selbst wünschen, und Sie werden zahllose Segnungen erfahren.

7. Gott wohnt allen Menschen inne. Das Reich Gottes befindet sich in unserem Inneren, in der Schatzkammer unseres Geistes, durch den wir Anteil am kosmischen Geist haben. Das ganze Geheimnis der Schöpfung und das Rätsel des Kosmos sind im Menschen beschlossen. Wenn der Mensch sich selbst tief genug erforscht, entdeckt er das Universum.

8. Entwickeln Sie eine Vorstellung von sich selbst als einem edlen und würdigen Menschen und denken Sie an das Wort des Psalmisten: *Ich habe wohl gesagt: Ihr seid Götter und allzumal Kinder des Höchsten...* (Psalm 82,6).

9. Wenn Sie beginnen, Gott in Ihrer Mitte zu lieben, zu achten und zu preisen, werden alle Bitterkeit und aller Haß verschwinden. Liebe ist die Erfüllung der Voraussetzungen für Gesundheit, Glück und Seelenfrieden.

10. Die wirksamste Formel für gebührende Selbstschätzung und für die Achtung anderer beruht auf der Erkenntnis, daß das Ihnen innewohnende Göttliche auch allen anderen Menschen innewohnt, und daß Sie, wenn Sie die Interessen Ihrer Mitmenschen fördern, am besten auch Ihre eigenen fördern. Wenn der andere sein Glück macht, machen auch Sie Ihr Glück.

KAPITEL 3

Glück und Erfolg

Der amerikanische Philosoph Ralph Waldo Emerson (1803-1882) sagte einmal: »Alle erfolgreichen Männer haben zugegeben, Kausalisten zu sein.« Sie glaubten daran, daß nichts dem Zufall überlassen sei, sondern allem Geschehen ein Gesetz zugrunde liege; sie waren überzeugt, daß es in der Kette, die Anfang und Ende miteinander verbindet – der Kette von Ursachen und Wirkungen –, kein schwaches Glied gebe. Oberflächliche Menschen glauben an Ursache und Wirkung.

Das Gesetz des Lebens

Das Gesetz des Lebens ist das Gesetz des Glaubens. Was immer sich Ihrem Geist einprägt, was immer Sie auch für wahr halten, es wird sich eines Tages realisieren. Lernen Sie, an die Funktion Ihres Unterbewußtseins zu glauben, überzeugen Sie sich davon, daß alles, was sich Ihrem Unterbewußtsein einprägt, schließlich auch wieder zum Vorschein kommt. Was Sie wirklich denken und in Ihrem tiefsten Innern empfinden, bestimmt schließlich alle Phasen Ihres Lebens.

Glauben Sie an das Glück, und Sie werden Glück haben! Natürlich meine ich damit nicht, daß es genügt, auf einen ganz banalen Glücksfall zu warten, etwa auf eine Erbschaft aus heiterem Himmel oder einen großen Lotteriegewinn. Der Mensch kann jedoch sein Schicksal sehr wohl durch seine Geisteshaltung beeinflussen und in bestimmte Bahnen lenken. Stellen Sie sich einen Mann vor, der ganz davon überzeugt ist, zu einem erfolgreichen Leben geboren zu sein, der weiß, daß er mit Gaben

ausgestattet ist, die sein Vorankommen garantieren. Diesem
Mann gelingt es – ob mit geistiger oder körperlicher Arbeit –,
eine Grundlage für seine Existenz zu schaffen, er ist fleißig,
ehrgeizig und gewissenhaft bei der Arbeit, die ihm Freude macht.
Ein Mensch, der dagegen ständig auf Glücksfälle lauert, ist in
der Regel voller Mißmut und findet dauernd einen Grund, sich
zu beklagen. Diese Art von Glück, von der er glaubt, sie werde
ihm eines Tages in den Schoß fallen, beruht auf Zufällen. Erfolgreiche Männer aber verlassen sich auf ihren Charakter, und
Charakter ist immer Schicksal.

Seien Sie wachsam und beweglich

Mark Twain sagt: »Das Glück klopft an die Tür jedes Menschen,
aber in vielen Fällen ist der Mensch gerade irgendwo in der
Nachbarschaft und hört das Klopfen nicht.«
　Der Mensch muß wachsam sein, beweglich – wie der Franzose
sagt: auf dem *qui vive*. Er muß aus allen Möglichkeiten, die sich
ihm bieten, seinen Vorteil ziehen und darf nicht erwarten, für
Trägheit, Apathie und Faulheit auch noch belohnt zu werden.

Ursache und Wirkung sind eins

Der Aphorismus »Wie der Mensch im Herzen denkt, so ist er«,
spiegelt alle Bedingungen des menschlichen Lebens. Der Mensch
ist das, was er den ganzen Tag denkt und empfindet, und sein
Charakter ist die Summe seines Denkens. Das Gesetz von Ursache und Wirkung herrscht ebenso zwingend in unserer verborgenen Gedankenwelt wie in der Welt der Materie.
　Um selbst Glück zu haben und Ihrem Schicksal einen glücklichen Verlauf zu geben, müssen Sie sich darüber klar sein, daß
Sie Herr über Ihre Gedanken, Gefühle und Ihre Reaktionen auf
die Wechselfälle des Lebens sind. Ja, man kann sogar sagen, daß
es an Ihnen selbst liegt, wie sich die Voraussetzungen, Erfahrungen und Ereignisse Ihres Lebens gestalten. Jede Vorstellung, die

Ihr Verstand – Ihr Bewußtsein – für wahr hält oder als wahr akzeptiert, wurzelt schließlich auch tief in Ihrem Unterbewußtsein und setzt sich früher oder später in Handlungen um, wenn sich die Gelegenheit dazu bietet. So bringen gute Gedanken gute Früchte – und schlechte Gedanken logischerweise schlechte Früchte.

Nicht ein grausames Schicksal bringt einen Menschen ins Gefängnis oder ins Armenhaus, sondern fehlgeleitetes, zersetzendes oder gar kriminelles Denken, das er heimlich in seinem Inneren nährt.

Er wurde »vom Pech verfolgt«

Ich kenne einen hochintelligenten jungen Mann, der an einer der besten amerikanischen Universitäten promoviert hat. Dieser Mann beklagte sich eines Tages bei mir darüber, daß er augenblicklich vom Pech verfolgt werde. In rascher Folge hatte er mehrmals seinen Arbeitsplatz verloren. Als ich mich mit ihm unterhielt, entdeckte ich, daß einer der Gründe für dieses »Pech« stets sein schlechtes Verhältnis zu seinen Mitarbeitern gewesen war. Er drückte sich nämlich vor der Arbeit und fühlte sich zu dieser Täuschung seiner Vorgesetzten auch noch berechtigt, da diese – wie er behauptete – seine Talente nicht im vollen Umfang würdigten. So brachte er sich durch seine ewig krittelnde, nachtragende Haltung, die ihn seine Chefs als voreingenommen, uneinsichtig und gleichgültig bezeichnen ließ, um seine Stellungen; von allen Firmen, für die er gearbeitet hatte, wußte er nur zu berichten, sie seien »seelenlose Unternehmen« gewesen.

Dieser Mann nun lernte es schließlich, seinen Mitarbeitern und Vorgesetzten mit gutem Willen und Arbeitsfreude zu begegnen. Er begriff die Notwendigkeit einer guten Zusammenarbeit mit seinen Kollegen. Die Voraussetzung für diesen Wandel war jedoch, daß er zunächst sein Denken neu ausrichtete. Sein ganzes berufliches Leben änderte sich, denn er weiß und empfindet nun, daß jedermann seines Glückes Schmied ist.

Kommen »gute« Menschen immer zu kurz?

Vor einiger Zeit erhielt ich einen Brief von einer Frau, die mir folgende Frage vorlegte: »Warum müssen gute und ehrliche Menschen oft so viel durchmachen, während es genug Schurken gibt, die sich ständig in ihrem Glück sonnen?«

Ich muß gestehen, daß ich nicht genau weiß, was diese Frau unter »gut« verstand. Vielleicht urteilte sie von einem recht oberflächlichen Standpunkt aus und meinte, jene Menschen seien gut, die regelmäßig in die Kirche gehen, in Geschäften ehrlich sind, freundlich zu ihren Mitmenschen, wohltätig gegen Arme und voller Liebe für ihre Familie. Möglicherweise waren – auf der anderen Seite – in den Augen der Briefschreiberin alle Menschen ohne religiöse Bindungen, die überdies betrügen, stehlen, trinken und jede höhere Macht leugnen, ausgemachte Schurken. Wenn diese Frau so dachte, war ihr Urteil sehr oberflächlich.

Die sogenannten »schlechten Menschen« glauben an Erfolg, an Wohlstand, an ihre gute Gesundheit, und tatsächlich trägt diese Überzeugung oft ihre Früchte. Jedes Lebensgesetz gilt ohne Ansehen der Person. Die Sonne scheint über Gerechte und Ungerechte, und die Gesetze des Lebens beruhen nicht auf moralischen Grundsätzen. Wenn ein Mörder schwimmen kann, wird ihn das Wasser ebenso tragen wie einen Heiligen. Ein Halsabschneider kann ebenso frei atmen wie ein religiöser Mensch. Ein vordergründig guter Mensch kann sehr wohl innerlich von abscheulichen und bösartigen Gedanken ausgehöhlt sein, und er wird schließlich von allen Leiden heimgesucht werden, die ihre Ursache in dieser unterdrückten, zersetzenden Denkweise haben. Man kann niemals in einen Menschen hineinsehen und seine heimlichen Ängste, seinen Zorn, seinen Groll, seinen Haß und Neid erkennen, und trotzdem läßt man sich immer wieder dazu verleiten, einen Menschen allein nach dem äußeren Schein zu beurteilen.

Nicht das, was ein Mensch tut, um Eindruck zu machen und gelobt zu werden, ist entscheidend. Was zählt, ist seine Herzenshaltung – die Summe dessen, was er denkt, fühlt und glaubt.

Brüchiger Erfolg

Ein Mann kann vierzehn oder sechzehn Stunden am Tag äußerst angestrengt arbeiten, ohne eigentlich Erfolge zu erzielen – wenn er nämlich glaubt, daß er doch keinen Erfolg haben werde, oder wenn er sich in irgendeiner Weise schuldig und strafbar fühlt: Was er fürchtet, wird sich schließlich auch bewahrheiten.

Das herrschende Gesetz des Lebens ist das Gesetz des Glaubens. Ein Mensch kann unehrlich sein und die Existenz Gottes leugnen – und dennoch Wohlstand erwerben, wenn er nur selbst davon überzeugt ist, daß er Erfolg haben und reich sein wird. Seinem Glauben entsprechend wird er zu Reichtum gelangen. Die unehrlichen, die »bösen« Menschen handeln sich jedoch genau wie die ehrlichen, vordergründig »guten« Menschen die Leiden ein, die ihr innerstes Denken hervorruft.

Das große Gesetz des Lebens ist vollkommen gerecht und belohnt Schlechtes nicht mit Gutem und straft Gutes nicht mit Schlechtem. Alles Böse zerstört sich letzten Endes selbst.

Ärgern Sie sich nicht über schlechte Menschen!

»Gottes Mühlen mahlen langsam, mahlen aber trefflich klein.« »Mein ist die Rache, spricht der Herr.« Denken Sie daran, daß Ihr Unterbewußtsein sich einer Schallplatte vergleichen läßt, die alles widergibt, was in sie eingeprägt worden ist. Darum ärgern Sie sich nicht über die Schlechtigkeit anderer Menschen: Deren Unterbewußtsein registriert verläßlich das Schlechte ihres Denkens und Handelns, und die Folgen bleiben nicht aus. Sie aber sollten Ihren Geist schöpferisch nutzen und sich nicht um das kümmern, was andere tun. – Wünschen Sie Ihnen ganz gelassen alles Gute!

Läutern Sie Ihre Gedanken!

Träumen Sie hochfliegende Träume, streben Sie Idealen nach, gehen Sie den Weg Ihrer Vorstellungskraft und versuchen Sie, Ihre Ideale zu erreichen. Halten Sie immer an der Vorstellung dessen fest, was Sie sein wollen, und hören Sie auf, sich zu beklagen und über Unglück oder Pech zu jammern. Hegen Sie Ihr Ideal und empfinden Sie die Harmonie Ihres Herzens, denken Sie nach über die unfaßbare Schönheit der Natur, wie sie von Gott geschaffen wurde. Ihre Vorstellung ist eine deutliche Verheißung dessen, was Sie eines Tages sein werden.

Sie gestalten Ihr Schicksal selbst

Der Mensch, dem es nicht gelingt, schöpferisch und harmonisch zu denken, der träge und bequem ist und nur die Oberfläche der Dinge sieht, spricht stets von Glück und Zufall. Darum hört man die Menschen immer wieder sagen: »Was der für ein Glück hat!«

Wenn Sie eine hübsche, technisch hervorragende Eiskunstläuferin auf dem Eis sehen, sind Sie sicher geneigt, zu sagen: »Nun ja, sie hat eben alle Chancen und Vorteile gehabt.« Sie sollten jedoch die vielen vergeblichen Versuche, die Stürze, die Verletzungen, die langen Stunden harten Trainings nicht übersehen, all das, was sie auf sich nahm, um ihr Ziel zu erreichen. Es gibt viele Leute, die niemals an die Entwicklung denken, sondern nur deren Ergebnis sehen, das sie dann unüberlegt »Glück« nennen.

Vom Unglück verfolgt

Ich lernte einmal einen Mann kennen, der, oberflächlich betrachtet, ausgesprochen religiös schien. Er wirkte aktiv in seiner Kirchengemeinde, an deren Zeremonien er gewissenhaft teilnahm. Trotzdem glaubte er, daß ihm Unheil drohe, und durchlitt alle Qualen eines Verdammten. Er hatte mehrere Unfälle, sein

Auto wurde ihm gestohlen, sein Geschäft brannte aus, und schließlich verließ ihn seine Frau und heiratete einen anderen Mann; sogar sein Sohn kehrte ihm den Rücken und sprach nicht einmal mehr mit ihm.

Ich versuchte diesem »Pechvogel« klarzumachen, daß seine ständige Furcht vor drohendem Unheil alle Arten von Unglück geradezu herausfordern und verursachen könne; er möge statt dessen auf die göttliche Harmonie, die Schönheit des Lebens, auf Gottes Liebe zum Menschen, die auch ihm gelte, vertrauen. Ich überzeugte ihn endlich davon, daß es seine Bestimmung sei, Erfolg zu haben und Schwierigkeiten zu überwinden – er müsse nur anfangen, an die Richtigkeit seiner Handlungen zu glauben, an seine Chancen und vor allem an die Weisheit Gottes, die letztlich alle seine Handlungen lenke.

Als er seine geistige Haltung in diesem Sinne änderte, nahm sein Leben eine Wendung: Während er vorher vom Unglück verfolgt war, schien er nun die Verkörperung des Glücks zu sein. Er hatte auf bittere Weise erfahren müssen, daß – welche Befehle wir auch immer unserem Unterbewußtsein erteilen – der Geist stets gehorcht.

Wenn Sie also Ihrem Unterbewußtsein einprägen, daß Ihnen Unheil drohe, wird es dahin kommen, daß sich Ihnen immer neue Schwierigkeiten in den Weg stellen, daß Ihnen Verzögerungen, Hindernisse und alle Arten von Problemen und Unannehmlichkeiten zu schaffen machen.

Glück wächst aus dem Unglück

Wie schwierig auch die Situation sein mag, in der Sie sich befinden, Sie können sie dennoch zum Guten wenden und aus ihr profitieren. Sie können jedes Problem, jede Schwierigkeit in eine Chance verwandeln, die Ihren Lebensweg ändern und Sie vorwärtsbringen kann. »In jedem Mißgeschick liegt auch der Keim einer guten Möglichkeit.«

Der verstorbene Dr. Harry Gaze berichtete von Dan Morgan, einem glänzenden Redner, der an einem Sonntagabend in einer kleinen Stadt New Englands eintraf, um dort eine Kollekte in der Kirche zu veranstalten, die für einen wohltätigen Zweck bestimmt war. Es brach jedoch ein schrecklicher Sturm aus, Schnee und Hagel fielen so dicht, daß sich niemand auf die Straße traute. Der Redner entschloß sich, dem Sturm die Stirn zu bieten, obwohl er daran zweifelte, daß überhaupt jemand in die Kirche kommen würde. Zunächst erschien tatsächlich niemand außer dem Küster, und schließlich kamen doch noch zwei alte Damen. Dan Morgan sagte sich: »Ich bin hierher gekommen, um zu sprechen, und ich werde sprechen.«

Dr. Harry Gaze berichtet, daß Mr. Morgan den beiden einzigen Besucherinnen einen glänzenden Vortrag gehalten habe und daß eine der beiden Frauen im Anschluß daran 15 000 Dollar spendete! Daraufhin meinte die andere Dame: »Nun, es ist für einen guten Zweck, und wenn Sie 15 000 Dollar spenden können, dann kann ich das schließlich auch.«

Mr. Morgan erzählte später, er habe in dieser einen »Versammlung« einen höheren Spendenbetrag bekommen als in jeder anderen während seiner Vortragsreise – so gut besucht sie auch waren.

Großartige Überraschungen warten überall

Wenn Sie in einer schwierigen Lage sind und es Ihnen trotzdem gelingt, Ihren Geist zu kontrollieren und zielgerichtet zu denken und zu handeln, werden Sie stets einen Ausweg finden.

Ein junges Mädchen sagte mir einmal, sie sei fest entschlossen, sich stets auf die angenehmste, ja herrlichste Art und Weise überraschen zu lassen, wo sie auch sei. Das Ergebnis dieser Haltung ist, daß alle ihre Reisen ihr die großartigsten und schönsten Erlebnisse und Eindrücke vermitteln. Die einfache Ursache für diesen Reichtum des Erlebens ist die ihrem Unterbewußtsein eingeprägte Überzeugung, daß es immer und überall auf der Welt etwas zu bewundern gebe.

Bei einer Firma meldeten sich fünfzehn junge Leute, die sich um eine ausgeschriebene Stellung bewarben. Einer dieser jungen Männer, der ganz am Ende der Schlange stand, ließ dem Personalchef einen Zettel reichen, auf den er kurz entschlossen geschrieben hatte: »Engagieren Sie niemanden, bevor Sie mich nicht gesehen haben!« Er bekam die Stellung. Er hatte seinen Verstand richtig genutzt, er hatte auf etwas in sich fest vertraut, das ihm helfen würde, das Richtige zu sagen und zu tun. Der Erfolg kam nicht von ungefähr, sondern floß folgerichtig aus einem von Zuversicht geprägten Unterbewußtsein.

Er rettete ein Leben, aber niemand dankte ihm

Bei mir beklagte sich einmal ein Mann darüber, daß ein Herr, den er vorm Ertrinken gerettet hatte, ihm nicht einmal gedankt oder ihm eine Belohnung angeboten habe, obwohl er – der Retter – selbst sein Leben aufs Spiel gesetzt hatte. Ich konnte ihm darauf nur sagen, daß das Leben selbst ihn für diese Tat belohnen werde; er dürfe nur nicht darauf warten, von einem bestimmten Menschen dafür belohnt zu werden. Die Belohnung für alles Gute, das Sie tun, muß nicht immer aus dem Bereich kommen, in dem Sie sich verdient gemacht haben.

Das Gute erstreben und empfangen

Ein arabisches Sprichwort sagt: »Wirf einen glücklichen Mann in den Nil, und er taucht mit einem Fisch im Mund wieder auf.«

Im Glauben an Gott und das Gute können Sie aus jeder Situation gestärkt und bereichert hervorgehen. All das, was Sie erstreben, wird Ihnen zufließen, wenn Sie sich selbst über Ihre Ziele klar sind und ganz bewußt *beanspruchen*, was Sie erreichen wollen. Begeistern Sie sich an Ihrem Streben, und Ihr Geist wird Ihren Wünschen schließlich Erfüllung bringen. Die Gewißheit, mit der Kraft des Geistes alles Erstrebte erlangen zu können, wird in Ihnen keinen Raum lassen für überflüssigen Ballast wie Unsicherheit, Furcht, Zorn oder Haß.

Lassen Sie Gott aus sich sprechen

Seien Sie wachsam und beweglich, fühlen Sie sich durch den Geist Gottes belebt, der in Ihnen gegenwärtig ist. Bedenken Sie, daß dieser Geist Sie immer die richtigen Worte finden lassen wird.

Mein Vater, zum Beispiel, stand einmal auf einer Brücke und blickte über den Fluß zu seinen Füßen. Plötzlich tauchte ein Mann neben ihm auf und sagte zu ihm: »Gott hat mir befohlen, Sie über das Geländer in den Fluß zu werfen!« Meinem Vater war sofort klar, daß er es mit einem Verrückten zu tun hatte, und entgegnete ganz ruhig: »Gott kann natürlich alles, aber wäre es nicht viel interessanter, wenn wir nach unten ans Ufer gingen und Sie den Versuch machen würden, mich hinauf auf die Brücke zu schleudern?« Der Wahnsinnige ging auf diesen Vorschlag ein, und mein Vater konnte seinem Zugriff entkommen. Der Wahnsinnige wurde gefaßt und der Polizei übergeben. Diese Geschichte beweist nicht nur die Geistesgegenwart meines Vaters, sondern auch seine sichere Überzeugung, daß es immer einen Ausweg aus jeder Notlage und jeder Schwierigkeit gibt.

»Wenn Gott für uns ist, wer ist dann gegen uns?« (Röm. 8,31) An diese Wahrheit vor allem müssen Sie uneingeschränkt glauben, wenn sich die Gegebenheiten zu Ihrem Vorteil wandeln und wenn Ihre Unternehmungen von Glück und Erfolg begleitet sein sollen.

Zusammenfassung

1. Das Gesetz des Lebens ist das Gesetz des Glaubens. Etwas glauben heißt etwas als wahr anerkennen, und was immer Sie als Wahrheit zutiefst erfassen, wird sich ereignen.

2. Möglichkeiten, die Sie zu Ihrem Vorteil nutzen können, begegnen Ihnen auf Schritt und Tritt. Lernen Sie, diese Möglichkeiten für sich zu nutzen. Seien Sie wachsam und beweglich.

3. Das einfache Geheimnis des Glücks und des Erfolges besteht darin, zielgerichtet zu denken, zu fühlen und zu handeln.

4. Nicht Lippenbekenntnisse sind entscheidend, sondern Ihre Herzenshaltung.

5. Ärgern Sie sich nicht über die Schlechtigkeit anderer Menschen: Deren Unterbewußtsein registriert verläßlich das Schlechte ihres Denkens und Handelns, und die Folgen bleiben nicht aus.

6. Ihre Vorstellung von sich selbst und von dem, was Sie eines Tages erreichen wollen, ist bereits eine Verheißung dessen, was einmal Wirklichkeit sein wird.

7. Es gibt immer wieder Menschen, die die Mühen einer langen Entwicklung nicht begreifen und nur Ergebnisse sehen, die sie unüberlegt »Glück« nennen.

8. Geben Sie Ihrem Unterbewußtsein die richtigen Befehle. Wenn Sie sich einbilden, daß Ihnen Unheil droht, wird Ihr Unterbewußtsein darauf reagieren und alle Arten von Schwierigkeiten provozieren.

9. In jedem Mißgeschick liegt auch bereits der Keim einer guten Möglichkeit.

10. Prägen Sie Ihrem Unterbewußtsein die Überzeugung ein, daß Sie Glück haben werden, und das Glück wird sich einstellen.

11. Glück ist also immer die Reaktion Ihres Unterbewußtseins auf Ihren Glauben an das Glück.

12. Warten Sie nicht darauf, für gute Taten von einem bestimm-

ten
Menschen belohnt zu werden. Das Leben selbst wird Sie
großzügig belohnen.

13. *»Wenn Gott für uns ist, wer ist dann gegen uns?«* Glauben Sie
an diese Wahrheit, und alle Dinge werden sich für Sie zum
Guten wenden.

KAPITEL 4

Wie Sie sich Selbstvertrauen aneignen

An dieser Stelle möchte ich noch einmal den amerikanischen Philosophen Ralph W. Emerson zitieren. In seinem Essay über das Selbstvertrauen schreibt er: »Vertraue dir: Jedes Herz gerät durch den Akkord der Silbersaiten des Vertrauens in Schwingung. Akzeptiere den Platz, den die göttliche Vorsehung für dich gefunden hat, akzeptiere die Gesellschaft deiner Zeitgenossen, den Zusammenhang aller Vorkommnisse in deinem Leben. Große Menschen taten dies immer. Sie überantworteten sich dem Vertrauenswürdigen, das in ihrem Herzen begründet war, das durch ihre Hände wirkte, das in ihrem ganzen Wesen vorherrschte.« Emerson sagt mit diesen Worten, daß jedem Menschen Gott innewohnt, daß jeder Mensch etwas in seinem Herzen hat, das absolut vertrauenswürdig ist, und daß ein jeder nur sein ganzes Wesen auf das Unendliche in seinem Inneren einzustimmen braucht, um die Wohltaten und Reichtümer des Lebens zu empfangen.

Und Emerson sagt auch, daß *Sie* das Leben sind, sichtbar gewordener göttlicher Geist, daß *Sie* ein Instrument sind, durch das sich das Leben äußert. Sie sind einmalig; es gibt auf der Welt niemanden, der genau so ist wie Sie. Ob es sich um Ihren Daumenabdruck oder um den Rhythmus Ihres Herzschlags handelt – dies und vieles mehr sind anders als bei irgendeinem anderen Menschen; ebenso Ihre Gedanken, Ihre Gefühle, Ihre Überzeugungen. Sie kamen mit bestimmten Fähigkeiten, Begabungen und ererbten Anlagen zur Welt. Und Sie sind hier auf Erden, um immer mehr von der Ihnen innewohnenden Gottesgegenwart sichtbar zu machen und die Freude eines erfüllten

Lebens kennenzulernen. Sie sind von Natur aus ideal ausgerüstet, um Leben zum Ausdruck zu bringen, und zwar in einer einmaligen Weise, wie das niemand sonst auf der Welt vermag. Es geht um *Ihr* Leben. Stellen Sie sich vor, was Sie gern sein und tun möchten, und wünschen Sie sich die guten Dinge des Lebens. Alles das können Sie erreichen, denn Sie verfügen über Phantasie, Denkvermögen sowie die Kraft, zu wählen und zu handeln. Fühlen Sie sich von Leben durchpulst. Empfinden Sie es als Harmonie, Liebe, Freude, Gesundheit. Sehen Sie den Sinn Ihres Lebens in der Entdeckung des Schönen und Wahren, und Wohlergehen fällt Ihnen zu.

Die wahre Bedeutung des Selbstvertrauens

Vertrauen bedeutet innere Sicherheit, die man nur kraft des Glaubens hat. Glauben ist eine Geisteshaltung, die auf dem Verständnis der Mechanismen des Seelisch-Geistigen beruht, das heißt auf dem unbewußten Wissen, daß die Inhalte Ihres Denkens und Fühlens Ihr Leben gestalten, Ihr Schicksal bestimmen. Sie müssen von der Tatsache ausgehen, daß sich jede Vorstellung, die Sie bewußt akzeptieren und gefühlsmäßig als wahr empfinden, Ihrem Unterbewußtsein einprägt und dann über die gleichsam autonome Steuerung Ihres Handelns und Verhaltens durch das so geprägte Unterbewußtsein in Ihrem Leben zur Geltung kommen wird. Vergegenwärtigen Sie sich daher die Gegenwart und Kraft Gottes, des lebendigen, allmächtigen Geistes, in Ihrem Herzen.

Wenn Sie sich auf die göttliche Gegenwart in Ihrer Mitte einstimmen, dürfen Sie in dem tiefen Vertrauen und in der Überzeugung durchs Leben gehen, daß Sie dank der Gotteskraft, die Sie stärkt, buchstäblich alles vermögen. Sie werden feststellen, daß Sie Hindernisse oder Schwierigkeiten spielend überwinden und daß Sie die Herausforderungen, die das Leben mit sich bringt, glänzend meistern.

Ein Lehrer vermittelte seinen Schülern Selbstvertrauen

... Steht nicht geschrieben in eurem Gesetz: »Ich habe gesagt: Ihr seid Götter?« (Johannes 10,34).

Ein in Las Vegas unterrichtender Lehrer erzählte mir, daß viele der Jungen in seiner Klasse scheu, schüchtern und unsicher waren und ganz offensichtlich Minderwertigkeitskomplexe hatten.

Um ihnen zu helfen, schrieb er an die Tafel: »Ich bin ein Kind des lebendigen Gottes. Gott liebt mich und sorgt für mich. Ich bin anders als andere, und Gott möchte durch mich etwas Besonderes bewirken. Gott wacht über mich und führt mich. Ich wachse an Stärke, Kraft und Weisheit.«

Die Jungen schrieben diese suggestive Bekräftigung ab, und der Lehrer trug ihnen auf, dieses Gebet jeden Abend vor dem Einschlafen fünf Minuten lang wiederholt zu sprechen. Er bat sie, an die innere Wahrheit dieser Bekräftigung zutiefst zu glauben und sie täglich zu sprechen, und versprach ihnen, so würden sie tatsächlich an Stärke, Kraft und Weisheit gewinnen: so würden sie gute Schüler werden, im College Erfolg haben und der Wohltaten des Lebens teilhaftig werden.

Für den Lehrer war es eine Freude zu sehen, wie die Jungen aufblühten, sich entfalteten und selbstsicherer wurden. Ihre positive Entwicklung wirkte sich überaus günstig auf die Beziehungen der Schüler zu den Eltern und auf die Leistungen in der Schule aus. Inzwischen haben die einst verklemmt wirkenden Jungen die High School abgeschlossen, und mehrere von ihnen haben ein Stipendium für ihr Studium erhalten. »Sie machen Fortschritte«, so erzählte mir kürzlich der Lehrer von seinen Schützlingen, »die ich selbst trotz all meiner Zuversicht nicht erwartet hatte.«

Diese Jungen haben ganz schlicht beten gelernt und dann in ihrem Leben erfahren, daß das absolut Vertrauenswürdige in ihren Herzen begründet ist und allezeit durch sie wirkt.

Ein Bankrotteur fand zu neuem Selbstvertrauen

Voll bitterer Selbstkritik berichtete mir ein Geschäftsmann, er habe Bankrott gemacht. Er fühlte sich deswegen minderwertig und machte sich heftige Vorwürfe. Ich erläuterte ihm, daß er Glauben und Vertrauen in die ihm innewohnende unendliche Weisheit Gottes haben solle, die keine Hindernisse kenne und ihm alles offenbaren könne, was er, um erfolgreich zu sein, wissen müsse. »Sie sind«, sagte ich ihm, »dazu geboren, im Leben zu triumphieren, weil die göttliche Weisheit, an der Sie teilhaben, nicht scheitern kann, weil es nichts gibt, das sich der Allmacht entgegenstellen und sie herausfordern oder behindern kann.«

Ich empfahl dem Mann ein spezielles Gebet, das ihm Vertrauen zu dem ihm innewohnenden Göttlichen einflößen sollte. Dieses Vertrauen ist sozusagen ansteckend: es bewirkt, daß man innere Sicherheit und Harmonie ausstrahlt und wie ein Magnet von allen Seiten Gutes anzieht.

Eine der Kostbarkeiten spiritueller Wahrheit in der Bibel findet sich im Römerbrief: ... *Ist Gott für uns, wer mag wider uns sein?* (Römer 8,31).

Das ihm empfohlene Gebet wirkte für den Geschäftsmann »Wunder«. Jeden Morgen blickte er in den Spiegel und bekräftigte zutiefst überzeugt: »Ist Gott für mich, wer mag wider mich sein? Ich kann dank der Gotteskraft, die mich stärkt, alles tun und erreichen. Erfolg ist mir beschieden, Reichtümer sind mir beschieden. Ich danke für die göttlichen Segnungen in meinem Leben.«

Einige Wochen vergingen, dann lernte der Geschäftsmann eine Witwe kennen. Die beiden fühlten sich zueinander hingezogen; sie heirateten und sind sehr glücklich. Die Frau gab ihrem Mann das nötige Kapital für die Eröffnung eines neuen Geschäftes, in dem sie selbst als Buchhalterin mitarbeitet. Das Paar erfreut sich ausgezeichneter Umsätze.

Wer Selbstvertrauen hat, erstrebt das Beste

Das Lebensprinzip ist geistiger Natur. Dieses Göttliche in Ihnen versucht sich durch Sie auf immer höheren Ebenen auszudrükken. Erstreben Sie darum in Ihrem Leben das Beste und begnügen Sie sich nicht mit dem Zweitbesten. Konzentrieren Sie Ihr Denken, Glauben und Fühlen auf Ihren Beruf und seien Sie sich bewußt, daß Ihnen die Ihnen innewohnende unendliche Weisheit ständig neue, großartige schöpferische Ideen eingibt und Ihnen immense Möglichkeiten offenbart, sich selbst zu verwirklichen – zu Ihrem eigenen Wohlergehen wie auch dem Ihrer Mitmenschen.

Ralph W. Emerson sagt: »Niemand kann Sie um den höchsten Erfolg betrügen als nur Sie selbst.« Der dem deutschen Idealismus verpflichtete englische Schriftsteller, Historiker und Sozialpolitiker Thomas Carlyle erklärte: »Der Reichtum des Menschen besteht in der Summe all dessen, was er liebt und segnet, wovon wiederum er geliebt und gesegnet wird.«

Nicht das Schicksal verbaut Ihnen den Weg zu Erfolg oder Reichtum, auch nicht der Mangel an Geld, Empfehlungen oder Beziehungen. Sie selber sind sich im Wege. Und um das zu ändern, brauchen Sie lediglich Ihre Geisteshaltung ein für allemal zu ändern. Machen Sie es sich zur Gewohnheit zu denken: »Erfolg ist mir beschieden. Ich bin ein Kanal des Unendlichen.«

Der Inhalt Ihres Denkens und Glaubens ist schöpferisch: Sie werden zu dem, was Sie tagtäglich im innersten Herzen denken.

Wie die Vorstellungsbilder einer Witwe Wirklichkeit wurden

Voll Sorge kam eine Witwe und Mutter zweier Jungen zu mir. »Ich habe einfach zu wenig Geld«, klagte sie. »mein Wochenlohn beträgt nur hundertzwanzig Dollar netto. Meine Buben haben keine ordentlichen Kleider und bekommen nicht die richtige Nahrung. Und ich bin einsam.«

Ich empfahl der etwa dreißigjährigen Frau die Anwendung

einer einfachen, aber bewährten Suggestionsformel. »Stellen Sie
sich jetzt vor, daß Sie eine erfolgreiche Frau sind. Sehen Sie vor
Ihrem geistigen Auge ein schönes Haus mit einem Garten für
Ihre Jungen. Sehen Sie die Buben dort spielen. Spüren Sie schöne
Kleider auf Ihrem Leib. Spüren Sie einen Diamantring an Ihrem
Finger und hören Sie einen Geistlichen sagen: ›Hiermit erkläre
ich euch zu Mann und Frau.‹ Und hören Sie einen Beamten am
Schalter Ihrer Bank sagen, er beglückwünsche Sie zu Ihrem
neuen Kontostand. Wiederholen Sie diese bildhaften Vorstellun-
gen immer wieder im Geiste.

Sie möchten gern heiraten, und das Gefühl, den Ring am
Finger zu tragen, bedeutet für Sie, daß Sie bereits auf dem Weg
zur Eheschließung mit einem seelisch-geistig wertvollen, für Sie
idealen Mann sind. Das Hören der Formulierung ›Hiermit erkläre ich euch zu Mann und Frau‹ bedeutet, daß in Ihrem Geiste
die Hochzeit bereits stattgefunden hat; und was Sie geistig bereits
vollzogen haben, muß objektiv stattfinden, auch wenn noch so
viele Hindernisse und Schwierigkeiten der Verwirklichung Ihres
Vorstellungsbildes entgegenzustehen scheinen. Sagen Sie sich am
Ende dieser Wunschvorstellungen: ›Ich bin glücklich, fröhlich
und frei‹ und danken Sie dafür Gott.«

Die Frau beherzigte meinen Ratschlag. Jeden Abend stellte sie
sich das Gute für sich selbst und für ihre Söhne vor und dankte in
dieser glücklichen Stimmung Gott, von dem alles Gute kommt.

Als ich sie etwa sechs Monate später wiedersah, war sie verheiratet. »Der Mann ist«, sagte sie strahlend zu mir, »die vollkommene Erfüllung meiner Wünsche und Gebete.«

Machen Sie sich klar, daß das Gute auch in Ihrer Reichweite
liegt. Alles, was Sie sich vorzustellen vermögen, wird sich, wenn
Sie von der Erfüllung Ihres Wunsches tief überzeugt sind, in
Ihrem Leben verwirklichen.

»In meinem Leben geschehen tatsächlich Wunder!«

Ein noch eher junger Mann, der mit Grundstücken handelte,
sagte zu mir: »Die wirtschaftliche Lage ist schlecht; die ganze

Zeit ist ungünstig, und die Geschäfte gehen miserabel.« Offensichtlich kreiste das Denken dieses Mannes um Mangel und
Einschränkung. Natürlich verkaufte er bei einer solchen Erwartungshaltung nicht viel, zumal er noch unter einem Gefühl der
Unzulänglichkeit litt und sehr schüchtern war.

Ich bat ihn, seine destruktive Einstellung sofort abzulegen und
sich statt dessen nur Wünschenswertes vorzustellen und sich das
tagsüber häufig zu suggerieren; so könne er die Wende zum
Guten herbeiführen. Meine Sekretärin tippte die folgenden Be-
kräftigungen, die er sich mindestens zwölfmal am Tag still oder,
noch besser, laut vorsagen sollte, auf eine Karte: »Ich habe
vollkommenes Vertrauen zu Gottes Führung und Unterstützung.
Ich ziehe jetzt für mich Käufer an, die Geld haben, die genau
solche Grundstücke suchen, wie ich sie anbiete, und sich an
deren Besitz freuen werden. Ich bin gesegnet, und sie sind gesegnet. Ich bin *stark in dem Herrn und in der Macht seiner Stärke*
(Epheser 6,10). Ich bin erfolgreich. Ich bin glücklich. Ich freue
mich und danke für die Wunder, die mir geschehen.«

Der Mann trug die Karte ständig bei sich und vergegenwärtigte
sich bei jeder Gelegenheit den suggestiven Inhalt seines vorweg-
genommenen Erfolges. Auf diese Weise baute er ein neues Selbstvertrauen auf und entwickelte seine Fähigkeiten als Verkäufer.
Nach einem meiner öffentlichen Vorträge kam er zu mir und
sagte: »In meinem Leben geschehen tatsächlich Wunder! Ich
habe diese Woche hier in der Gegend Grundstücke im Wert von
mehr als einer halben Million Dollar verkauft.«

Gottes Segnungen haben kein Ende. Öffnen Sie Ihren Geist
und Ihr Herz dem Zustrom all der Reichtümer, die Sie ersehnen.

Selbstvertrauen ist Gottvertrauen – ein Gebet

Jesus sagte: ›*Dein Glaube hat dich gesund gemacht.*‹ Das gilt in
körperlicher wie auch seelisch-geistiger Hinsicht.

Ich glaube fest an die Heilkraft Gottes, an der ich geistig
teilhabe. Die Inhalte meines Denkens, Glaubens und Fühlens
stimmen harmonisch miteinander überein. Ich akzeptiere inner-

lich die Wahrheit der Aussagen, die ich mit Nachdruck bekräftige.

Ich verfüge jetzt, daß die Heilkraft Gottes meinen ganzen Körper verwandelt, mich heilt, stärkt und freimacht. Ich glaube aus tiefer innerer Überzeugung, daß mein Glaubensgebet jetzt erhört wird. Ich bin gesund, stark und frei. Gott führt mich. Gott liebt mich. Göttliche Liebe durchströmt meinen Geist, mein Gemüt, meinen Körper. Sie verwandelt, heilt und stärkt jedes Atom meines Wesens. Ich empfinde einen Frieden, der aus meinem Gottvertrauen erwächst und jedes Verständnis übersteigt.«

Zusammenfassung

1. Ralph W. Emerson schreibt, man solle sich selbst vertrauen: »Jedes Herz gerät durch den Akkord der Silbersaiten des Vertrauens in Schwingung.« Nehmen Sie mit dem Göttlichen in Ihnen Verbindung auf und erkennen Sie, daß mit Gott alles möglich ist. Setzen Sie absolutes Vertrauen auf das Vertrauenswürdige, das Sie in sich haben. Sehen Sie das Göttliche in jedem Menschen.

2. Sie sind einmalig. Es gibt niemanden auf Erden, der genau so ist wie Sie. Sie haben bestimmte Fähigkeiten, Gaben, Talente. Doch Sie sind von Natur aus ideal ausgerüstet, um in Ihrer einmaligen Weise zu echter Selbstverwirklichung zu finden.

3. Erzieher und Lehrer sollten unsichere, schüchterne Schüler lehren, daß sie Kinder Gottes sind, daß Gott sie liebt und sie führt. Auf diese Weise werden die Kinder Selbstvertrauen und Selbstsicherheit gewinnen.

4. Eine fast magische Formel für den Aufbau von Selbstvertrauen besteht darin, jeden Morgen in den Spiegel zu schauen und im Bewußtsein des Göttlichen im Menschen etwa fünf Minuten lang zu bekräftigen: »Ist Gott für mich, wer mag wider mich sein? Ich kann dank der Gotteskraft, die mich stärkt, alles tun und erreichen.« Machen Sie sich dies zur Gewohnheit, dann werden Sie voll Selbstvertrauen und voll Glauben an das Gute verwirklichen, was Sie vom Leben erwarten.

5. Erstreben Sie das Beste, und Ihnen wird das Beste zuteil. »Niemand kann Sie um den höchsten Erfolg betrügen als nur Sie selbst«, sagt Ralph W. Emerson, und das stimmt: Sie sind ein Kanal des unendlichen Geistes, und das Unendliche kann nicht scheitern.

6. Sie müssen Ihren Glauben an Gott und alle guten Dinge sichtbar demonstrieren, zu Hause, in Ihrem Beruf, Ihren Beziehungen zu anderen Menschen und in jeder Hinsicht. Glaube ohne Sichtbarmachung ist tot. Glauben Sie an die schöpferische Kraft Ihres Geistes, der am unendlichen Geist

kosmischer Dimension teilhat.

7. Stellen Sie sich vor, daß Sie jetzt erfolgreich, wohlhabend und glücklich sind. Empfinden Sie den vorgestellten Zustand als erlebte Wirklichkeit, dann wird sich Ihr Vorstellungsbild ungeachtet scheinbarer Schwierigkeiten und Hindernisse verwirklichen. So findet auch eine Witwe einen neuen Mann.

8. Wollen Sie Grundstücke oder was immer verkaufen, sollten Sie sich bewußt machen, daß alles, was Sie suchen, auch Sie sucht. Suggerieren Sie sich, daß Sie die Käufer anziehen, die das nötige Geld haben und sich genau das wünschen, was Sie anbieten können, und daß – das ist wichtig – Ihre Kunden mit dem Abschluß glücklich sein werden. Mit einer solchen Erwartungshaltung werden Ihnen ungeahnte Erfolge beschieden sein.

9. Die angegebene Meditationsübung verhilft Ihnen zu tiefem innerem Frieden, der Ihrem Gottvertrauen erwächst. Und Gottvertrauen ist Selbstvertrauen.

KAPITEL 5

Das geheimnisvolle
Gesetz der inneren Führung

Wer ist nicht manchmal zutiefst bestürzt, ratlos und voll Angst? Wer hat sich nicht schon in dieser oder jener Lebenslage besorgt gefragt, was jetzt zu tun sei? Wenn Ihnen das passiert, dann sollten Sie sich Ihrer inneren Stimme erinnern, die Sie auf allen Ihren Wegen leitet und Ihrem Leben die Richtung weist, die Ihnen den richtigen Plan Ihres Verhaltens offenbart und den richtigen Weg Ihres Handelns zeigt. Das Geheimnis der zum richtigen Handeln führenden inneren Wegweisung besteht darin, daß Sie sich im Geiste voll Vertrauen der richtigen Antwort verschreiben, ohne diese noch zu kennen, bis Sie von Ihrem Inneren her die richtige Antwort erfahren.

Die in der Tiefe Ihres Unterbewußtseins schlummernde unendliche Weisheit ist für alle Ihre Fragen und Probleme zugänglich und weiß darauf Antwort. Diese Antwort gibt sich Ihnen kund als ein inneres Gefühl, als eine sich zur Gewißheit verdichtende Ahnung: Sie fühlen sich von innen her gedrängt, am richtigen Ort, zur richtigen Zeit das richtige Wort zu sagen, die richtige Entscheidung zu treffen – kurz: das Richtige zu tun.

Folgen Sie Ihrer Intuition

Ein mir befreundeter Geistlicher fragte mich einmal um meinen Rat. Er hätte gerne gewußt, ob er den Ankauf eines zum Erwerb angebotenen Grundstücks in der Nachbarschaft der Kirche, der er vorstand, vor dem Kirchenrat befürworten sollte oder nicht. Ich wußte das auch nicht. Aber ich schlug ihm vor: »Wir wollen um Erleuchtung beten und der Wegweisung folgen, die uns zuteil werden wird.«

Zunächst geschah nichts, was ihm oder mir Klarheit hätte verschaffen können. Ein paar Tage später rief er mich an. Der Kirchenrat werde demnächst zusammentreten, sagte er mir. Dabei sei in der Frage des Ankaufs des besagten Grundstückes bindend zu beschließen. Während er noch sprach, um mir dies zu sagen, fühlte ich ganz deutlich, daß die Antwort nur nein lauten könne. Und indem er fortfuhr, fügte er bei, daß sich ihm in diesem Augenblick intuitiv ein Nein aufdränge. Von innen her hatte sich also auch bei ihm ein Gefühl eingestellt, das sich zur Gewißheit verdichtete und Antwort auf die Frage gab. Erst viel später sollten Dinge passieren, die schlagend bewiesen, daß die von ihm getroffene Entscheidung richtig war.

Es gibt immer eine Lösung

In einem recht verzweifelten Hörerbrief klagte eine Frau über ihren Kummer wegen eines ihrer Untermieter. Der Mann benahm sich derart ausgelassen, vulgär und rücksichtslos, daß sich alle übrigen Untermieter bitter beschwerten. Wilde Gelage und Krawalle in Trunkenheit waren an der Tagesordnung. Er weigerte sich jedoch entschieden auszuziehen.

Ausgehend von meiner Radiosendung, die sie ja kannte, ging ich in einem Brief auf ihre Frage ein. Im Sinne meiner Empfehlung beruhigte sie sich und nahm die Gewohnheit auf, für den Mann zu beten. Sie wandte sich an die seinem Unterbewußtsein innewohnende unendliche Weisheit, die ihn bestimmen möge, daß er sich in Frieden von ihr verabschiede und ausziehe. Im Vertrauen auf die sich ergebende Lösung sagte sie sich immer wieder vor: »Ich bin ihm nicht böse, ich laste ihm nichts an. Er wird von selber gehen. Und ich lasse ihn in Frieden ziehen und wünsche ihm aufrichtig, daß auch er den Frieden finde, Liebe und Glück.«

Ihr im Gebet ausgesprochener Herzenswunsch ging auf einmal in Erfüllung. Wider Erwarten bezahlte der Mann plötzlich seine rückständige Miete und zog aus. Dabei gab es kein lautes Wort, nicht die geringste Auseinandersetzung. Es herrschten wieder Ruhe und Frieden, sowohl in der Wohnung als auch im Herzen der Frau. Deshalb war es auch kein Zufall, daß sie bald darauf einen ruhigen und geistig hochstehenden Mitbewohner fand.

Die Vorgangsweise eines erfolgreichen Geschäftsmannes

Ein als erfolgreich und dynamisch bekannter Geschäftsmann eröffnete mir eines Tages, auf welche Art er um Wegweisung zu beten pflegt. Er bedient sich einer Technik, die durch ihre Einfachheit besticht.

Bevor er am Morgen seine Arbeit aufnimmt, zieht er sich in sein Privatbüro zurück, wo er völlig ungestört ist. Mit geschlossenen Augen vergegenwärtigt er sich die wunderbaren Attribute Gottes, an denen er, wie er weiß, teilhat. Dies versetzt ihn in einen Zustand inneren Friedens und gibt ihm Selbstvertrauen und Kraft. Sodann spricht er das folgende einfache Gebet: »Vater, du, der du alles weißt, gib mir die Idee, die ich für mein Geschäft brauche.« Danach stellt er sich vor, er habe bereits die gesuchte Lösung, er habe sie geistig parat. Und allmorgendlich schließt er seine geistige Einkehr mit den Worten: »Die Lösung ist die richtige, ich nehme sie an und danke dafür.«

Nach diesem Gebet wendet er sich seiner Tagesarbeit zu und beschäftigt sich routinemäßig mit allen Angelegenheiten, die gerade zu erledigen sind. Die gesuchte Lösung offenbart sich ihm in dem Augenblick, da er nicht im geringsten an sein Problem denkt. Er versicherte mir, daß ihm die Lösungen bisweilen völlig unvorbereitet, einfach spontan einfallen wie der Blitz. Und tatsächlich bezeugen seine Mitarbeiter und Geschäftspartner seine unwahrscheinliche Fähigkeit, auf allen Gebieten seiner Geschäftstätigkeit blitzschnell zu richtigen Lösungen zu gelangen.

Die Lösung eines besonderen Problems

Ein mir befreundeter Universitätsprofessor bedurfte zur Vervollständigung eines seiner wissenschaftlichen Werke, das praktisch schon vollendet war, dringend noch verschiedener Einzelheiten. Es handelte sich um historische Ereignisse und Daten aus der Zeit zwischen 1500 und 1000 vor Christus. Vergeblich hatte er die ihm zur Verfügung stehenden Werke der wissenschaftlichen Spezialliteratur durchstöbert. Gleichwohl konnte er nicht einmal sagen, wo die nötigen Angaben mit Sicherheit zu finden wären – vielleicht achttausend Meilen weit weg, im Britischen Museum, oder eventuell in der dreitausend Meilen entfernten New York Public Library. Aber er hätte, so versicherte er mir, nicht einmal genau gewußt, welche Werke er von den amtierenden Bibliothekaren verlangen sollte. Er war mehr oder weniger am Ende seiner Weisheit. Diese Schwierigkeiten drohten die Veröffentlichung seines Werkes um Wochen zu verzögern.

Ich schlug ihm zu tun vor, was in einem solchen Fall das beste ist. Er sollte sich vor dem Einschlafen körperlich und geistig entspannen und wie folgt meditieren: »Mein Unterbewußtsein weiß Antwort und verschafft mir die Informationen, die ich benötige.« Sodann sollte er sich jeder anderen Überlegung verschließen und sich nur auf das eine Wort konzentrieren: Antwort. Und noch in dem entspannten Dämmerzustand allmählichen Hinübergleitens in den Schlaf sollte er sich im Geiste immer wieder dieses eine Schlüsselwort vorsagen.

Das Unterbewußtsein ist geradezu allwissend, es weiß Antwort, es kennt die richtige Lösung. Von dort her offenbart sich die Lösung im Traum oder als überwältigende Vorahnung oder schließlich auch, bisweilen, ganz einfach im Gefühl der inneren Sicherheit. Es stellt sich jenes an Gewißheit grenzende Gefühl ein, daß man geführt wird und auf dem richtigen Weg ist.

Die oben dargelegte Technik brachte den gewünschten Erfolg. Auf seinem gewohnten Weg zur Universität hatte der Professor pötzlich Lust, einen Umweg ins Geschäftsviertel zu machen, um nämlich einen bestimmten Buchhändler zu besuchen. Kaum hatte er den eher verwahrlosten Laden betreten und die Bücher auf den Regalen nahe der Eingangstür mit einem Blick überflogen, steuerte er zielbewußt ein Buch an, das ihm ins Auge stach. Er hielt das Werk in den Händen, das er, ohne es zu wissen, gesucht und am Morgen des dritten Tages nach der Aufnahme seiner Meditationsübung gefunden hatte!

Entspannung und Empfänglichkeit sind Voraussetzungen

Oft empfangen wir Eindrücke, die, von innen her kommend, göttlicher Führung zuzuschreiben sind. Wir sollten immer damit rechnen und für solche Wegweisung aufgeschlossen und jederzeit aufnahmebereit sein. Drängt sich uns ein inneres Gefühl, ein Leitbild oder eine Idee auf, so sollten wir uns davon bewußt Rechenschaft geben und uns solcher Wegweisung nicht verschließen.

Es gibt im wesentlichen immer nur zwei Gründe, warum wir uns der inneren Führung nicht gewahr werden. Zunächst vermögen wir sie nicht zu erkennen, wenn wir uns unter Druck fühlen; jegliche Spannung ist hinderlich. Zum anderen bleibt uns solche Erkenntnis versagt, wenn wir dafür in dem Augenblick, da sie sich uns kundgibt, nicht hellhörig genug sind. In einer von gesundem Selbstvertrauen getragenen glücklichen und heiteren Grundstimmung werden wir die blitzartig einfallenden Kundgebungen unserer Intuition nicht übersehen. Mehr noch: wir werden uns geradezu unter dem, natürlich nur subjektiven, Zwang fühlen, genau das auszuführen, wozu wir intuitiv gedrängt werden.

Sie müssen daher, wenn Sie um innere Führung beten wollen, die dafür notwendigen Voraussetzungen schaffen. Sie müssen sowohl körperlich als auch seelisch-geistig entspannt und emotional gelöst sein. Im Zustand körperlicher Spannung oder innerer Verkrampfung, unter dem Druck Ihrer Angst oder Ihrer Sorgen wird Ihnen nichts gelingen. Machen Sie sich zuerst geistig davon frei. Lockern Sie Ihren Körper. Entspannen Sie sich. Beruhigen Sie sich. Erst im Zustand innerer Ruhe schließt sich Ihr Bewußtsein auf und wird für die aus dem Unbewußten quellenden Eingebungen Ihrer Intuition zugänglich und empfänglich.

Die Goldgrube der Intuition

Das Wort »Intuition« bedeutet Eingebung oder – mit einem anderen Wort – Belehrung, die man von innen her erfährt. Sie entbehrt jeder Reflexion des Verstandes, jedes vergleichenden und prüfenden Denkens. Die intuitive Eingebung geht weit über den Verstand hinaus. Ihres Verstandes bedienen Sie sich erst, wenn es an die Durchführung Ihrer intuitiven Eingebungen geht. Die Intuition selbst dagegen ist ein spontanes Erfassen in einem Akt, ist spontane Antwort, die Ihnen – in Übereinstimmung mit Ihrem bewußten Denken – aus Ihrem Unbewußten zuteil wird.

Für berufstätige Menschen und deren Geschäftigkeit kommt der Kultivierung der intuitiven Befähigung schlechthin überragende Bedeutung zu. Vermöge ihrer Intuition wird oft genug mit einem Schlag erreicht, was mit Hilfe des abwägenden und kritisch prüfenden Verstandes lediglich nach Wochen oder Monaten konzentriertester Arbeit, fehlgeschlagener Versuche und endloser Irrtümer möglich gewesen wäre.

Wenn uns angesichts unüberwindlich erscheinender Schwierigkeiten und heilloser Verwirrung unser Verstand im Stich läßt, so bietet uns gerade in solchen Lebenslagen die Intuition unversehens die richtige Lösung an. Während sich noch unser Verstand in Überlegungen ergeht und mit analytischer Zergliederung, Entwicklung und Verwerfung eines Gedankens abquält, wird unsere subjektive Intuition immer mühelos und spontan freigesetzt. Sie erreicht unseren Intellekt wie ein Leuchtfeuer, sie taucht in unserem Bewußtdenken wie ein Leitstern auf. Die Intuition ist es auch, die sich uns gegenüber, dem Verstand weit voraus, als warnende Stimme gegen die Verwirklichung dieses oder jenes Planes ausspricht.

Die Fundgrube der Ideen

Die Intuition fördert unsere im Unbewußten schlummernden Ideen zutage. Aus dem Ideenschatz des Unterbewußtseins kann man Werbeslogans »beziehen«, wie dies eine mir bekannte junge Dame, die als Werbetexterin arbeitete, bezeugt hat. Ihre Technik ist einfach. Wenn sie sich zur Ruhe legt, bittet sie im Geiste um den »richtigen Werbespruch« und schläft mit diesem Wort auf den Lippen ein im Vertrauen, daß dieser ihr einfallen werde. Und die Einfälle kommen, darauf beruht ihr Erfolg. »... *es bleibt nicht aus*...« Zephanja 3,5.

Auf die gleiche Art und Weise arbeitet eine mir bekannte Schriftstellerin aus Kalkutta. Sie verdanke, sagte sie mir, das Geheimnis ihrer schriftstellerischen Erfolge der Tatsache regelmäßigen und systematischen Betens. Sie lebte und betete in der Überzeugung, Gott leite sie auf allen ihren Wegen und befähige sie, mit ihren gottgegebenen Gaben die Welt zu erstaunen.

Ihr bevorzugtes Gebet lautete wie folgt: »Gott kennt alles. Gott ist mein höheres Selbst, ist der Geist in mir. Gott schreibt durch mich. Er gibt mir das Thema, die handelnden Personen, die Einfälle, die Einzelheiten. Er verknüpft die Fäden und löst sie folgerichtig. Ich danke für alle Lösungen, von denen ich weiß, daß sie mir kommen werden. Ich gleite hinüber in den Schlaf mit den Worten ›mein Roman‹ auf den Lippen und sinke so in die Tiefe des Schlafs.«

Diese Schriftstellerin wußte, daß ihre Suggestion »mein Roman« dem Unterbewußtsein gleichsam eingeätzt und dieses darum entsprechend reagieren würde. Meistens verspürte sie schon nach kurzer Zeit den inneren Drang zu schreiben. Und wenn sie sich dann an die Arbeit machte, flogen ihr die Einfälle und Formulierungen nur so zu.

Diese Beispiele beweisen die Wahrheit der Wunder durch göttliche Führung, derer wir alle teilhaftig werden können.

Er fand die richtige Anstellung

Ein kaufmännischer Angestellter beklagte sich bitter: »Ich suche einen richtigen Posten, ich renne von Büro zu Büro. Und komme doch immer nur vom Regen in die Traufe!«

Ich versuchte ihm zu helfen. Zunächst mußte er zur Einsicht

gelangen, daß es für sein Problem eine Lösung gab, auch wenn er sie vorläufig nicht sah. Die seinem Unterbewußtsein innewohnende unendliche Weisheit wußte ja über seine Fähigkeiten Bescheid und auch darüber, wie und an welchem Platz er seine Anlagen zur Entfaltung würde bringen können. Ich machte meinen Einfluß auf ihn geltend, so daß er es sich zur Gewohnheit machte, wie folgt zu beten: »Ich glaube und nehme jenseits jeder Frage als wahr an, daß in meinem Unterbewußtsein eine schöpferische Intelligenz wirkt, die alles weiß und alles sieht. Ich werde jetzt geradewegs dorthin geleitet, wo mein Leben Sinn bekommt; ich weiß es. Ich stelle keine Fragen und akzeptiere den Weg, der mir kraft innerer Führung gewiesen wird. Daß ich auf der Welt bin, hat seinen Sinn; ich wünsche mir aus tiefstem Herzen, daß sich dieser Sinn jetzt erfüllt.«

Er verabschiedete sich von mir erleichterten Herzens, ja in glücklicher Stimmung. Es dauerte nur kurze Zeit, bis er die richtige Anstellung fand, die ihn in jeder Hinsicht zufriedenstellte. Wem verdankt er, daß er die richtige Firma, den richtigen Posten und die richtigen Worte fand? Daß er einen guten Eindruck machte und engagiert wurde? Innere Führung wies ihm den Weg und leitete ihn.

Ein Gebet um göttliche Führung

»Ich weiß, daß die Nachfrage das Angebot bestimmt; das ist ein Gesetz. Ich habe die richtigen Beweggründe; ich wünsche aufrichtig, jederzeit das Richtige zu tun. Was ich brauche, wird mir zuteil. Ich befinde mich jetzt auf dem richtigen Platz. Ich setze meine Gaben auf die denkbar beste Weise ein und empfange den göttlichen Segen. Unendliche Weisheit leitet mich jetzt und wirkt in meinen Gedanken, Worten und Werken. Was immer ich unternehme, liegt in der Hand Gottes und geschieht einzig und allein vermöge seiner Führung.

Ich fühle und glaube, daß das Göttliche in mir meinen Weg erleuchtet; ich fühle, glaube und weiß das. Göttliche Weisheit inspiriert und leitet mich und waltet über mir bei allem, was ich unternehme; sie weiß augenblicklich Antwort auf alles, was ich wissen muß. Göttliche Liebe geht mir voran und bringt mich auf den Höhenweg inneren Friedens, der Liebe, Freude und des Glücks. Es ist wunderbar.«

Zusammenfassung

1. Verschreiben Sie sich geistig und gefühlsmäßig der Gewißheit, daß Ihnen die richtige Antwort zuteil werden wird. Und Sie werden diese erfahren.

2. Die Ihrem Unterbewußtsein innewohnende unendliche Weisheit weiß und sieht alles. Vertrauen Sie ihr und rufen Sie sie auf. Nur sie weiß Antworten auf Ihre Fragen. Und Sie werden sie erfahren.

3. Folgen Sie der Stimme innerer Führung, Ihrer Intuition. Sehr oft dringt sie spontan in Ihr Bewußtsein vor, unvermittelt, wie ein Blitz einfällt.

4. Vergegenwärtigen Sie sich jederzeit: es gibt immer eine Lösung. Gehen Sie von dieser Tatsache aus und entspannen Sie sich völlig. Wenn Sie dann in diesem Zustand körperlicher, geistiger und emotionaler Gelöstheit beten, werden Sie Wunder an sich erfahren.

5. Um innere Führung zu beten, heißt ein Gespräch führen, das sich auf zwei Bahnen bewegt: der Frage und der Antwort. Wenn Sie Ihr Innerstes in gläubigem Vertrauen auf eine Antwort um Rat fragen, so werden Sie eine Antwort erhalten.

6. Ihr Unterbewußtsein verweist Sie auf Lösungen, die Sie nicht kennen. Die Lösung mag in einem Buch stecken, auf das Sie völlig absichtslos gestoßen sind, oder aus einem Gespräch hervorgehen, das Sie zufällig mitanhörten. Zahllos sind die Möglichkeiten, Antwort zu erfahren.

7. Für die uns von innen her kommende Wegweisung müssen wir locker und aufgeschlossen, empfänglich und jederzeit aufnahmebereit sein. Das sind die Voraussetzungen dafür, daß wir die Eingebungen unserer Intuition bewußt erkennen und ihnen folgen können.

8. Weisheit und Wissen Ihres Unterbewußtseins drängen sich über die Bewußtseinsschwelle hinauf in Ihr Bewußtsein, wenn Ihr Bewußtleben frei von Spannungen ist und sich im

Gleichgewicht des inneren Friedens hält. Entspannung ist das Schlüsselwort.

9. Sagen Sie sich in dem entspannten Dämmerzustand Ihres allmählichen Hinübergleitens in den Schlaf wie ein Schlummerlied immer wieder das Wort »Antwort« vor, bis Sie mit diesem Wort auf den Lippen einschlafen. Die richtige Antwort wird nicht ausbleiben.

10. Die Intuition geht weit über den Verstand hinaus. Ihres Verstandes sollen Sie sich erst bedienen, wenn es an die Durchführung Ihrer intuitiven Eingebungen geht.

11. Was immer Sie schreiben, sollte im Zeichen des Vertrauens darauf, daß Ihnen das Unterbewußtsein das Thema und alle Einzelheiten eingibt und Sie leitet, geschehen. Sie werden über die Ergebnisse erstaunt und erfreut sein.

12. Die Ihrem Unterbewußtsein innewohnende Weisheit wird Sie dorthin geleiten, wo Ihr Leben Sinn bekommt und Ihre verborgenen Gaben zur Entfaltung gebracht werden können.

13. Vertrauen Sie dem Gebet: »Göttliche Liebe geht mir voran und gestaltet meinen Lebensweg sinnvoll, glücklich und herrlich.« Unter diesem Motto gehen Sie immer den Weg der Heiterkeit und des inneren Friedens.

KAPITEL 6

Wie Ihre Kraft die geistigen und seelischen Batterien auflädt

In unserer unruhigen Welt lassen wir uns durch äußeres Geschehen allzuoft in Angst versetzen. Um uns davor zu bewahren, sollten wir unsere inneren Batterien mit Hilfe der unendlichen Kraft immer wieder aufladen. Wie dies geschieht, veranschaulichen nachstehende Fallgeschichten.

Konzentration auf die wichtigen Belange des Lebens

Ein Geschäftsmann, mit dem ich ein längeres Gespräch führte, meinte schließlich: »Wie soll ich in dieser wirren Welt ein ruhiges Gemüt erlangen? Ich weiß, daß es heißt: ›Mit Ruhe schafft man viel‹, aber ich bin durcheinander und besorgt, und die Nachrichten und die Propaganda in den Zeitungen, im Radio und im Fernsehen machen mich halb wahnsinnig.«

Ich erwiderte, wenn er es wünsche, wolle ich versuchen, Licht in sein Problem zu bringen, ihn mit spiritueller Medizin gegen seine Besorgnisse zu versorgen und ihm zu jener Gemütsruhe zu verhelfen, mit der man »viel schafft«. Als erstes machte ich ihm klar, daß er, wenn seine Gedanken den ganzen Tag um Krieg, Verbrechen, Krankheit, Unfälle und Unglück kreisten, automatisch in eine Stimmung der Niedergeschlagenheit, Besorgnis und Angst geriete. Wenn er dagegen seine Aufmerksamkeit wenigstens zeitweise auf die universellen Gesetze und Prinzipien richte, die den Kosmos und jedwedes Leben steuern, werde er genauso automatisch in eine seelisch-geistige Atmosphäre der inneren Sicherheit und Heiterkeit gehoben.

Der Mann füllte also Geist und Gemüt dreimal täglich mit folgenden Wahrheiten: »*Die Himmel erzählen die Ehre Gottes, und die Feste verkündigt seiner Hände Werk* (Psalm 19,2). Ich weiß, daß allerhöchste Weisheit die Planeten auf ihrer Bahn lenkt und das ganze Universum steuert. Ich weiß, daß es ein göttliches Gesetz und eine göttliche Ordnung gibt, die mit absoluter Zuverlässigkeit funktionieren und unsere gesamte Welt gestalten, nachts die Sterne aufziehen lassen und die Galaxien im Weltall steuern; Gott beherrscht das ganze Universum. Ich begebe mich geistig in die Stille, die jetzt in meinem Gemüt herrscht, und betrachte diese ewigen Wahrheiten Gottes.

Wer festen Herzens ist, dem bewahrst du Frieden... (Jesaja 26,3).

Den Frieden lasse ich euch, meinen Frieden gebe ich euch. Nicht gebe ich euch wie die Welt gibt. Euer Herz erschrecke nicht und fürchte sich nicht (Johannes 14,27).

Denn Gott ist ein Gott nicht der Unordnung, sondern des Friedens (1. Korinther 14,33).

Und der Friede Gottes regiere in euren Herzen... (Kolosser 3,15).

Der Geschäftsmann kehrte sich von seinen Alltagssorgen und -ängsten ab, schenkte seine Aufmerksamkeit jetzt den großen Lebensprinzipien und -wahrheiten und konzentrierte sich auf diese. Die kleinen Dinge vergaß er, statt dessen begann er über die großen nachzudenken, über das Wunderbare und Gute. Als er die Unruhen und Plagen auf der Welt nicht mehr beachtete und sich weigerte, auch nur darüber zu sprechen, ließen seine Besorgnisse und Ängste nach, und er entwickelte in einer wirren äußeren Welt innere Gemütsruhe. Er hatte beschlossen, in seinem Herzen Gottes Frieden herrschen zu lassen. Infolge seiner neuen Einstellung gingen sogar auch noch seine Geschäfte besser, da er nun klügere Entscheidungen zu fällen vermochte.

Eine gequälte Mutter überwand ihre »Herzbeschwerden«

Eine junge Hausfrau, die an Schlaflosigkeit und starkem Herz-
klopfen litt, war überzeugt, ein Herzleiden zu haben. Sie fühlte
sich häufig deprimiert, war gegenüber ihrem Mann und ihren
Kindern oft gereizt, ungeduldig und feindselig. Die Schlagzeilen
in den Medien ärgerten sie furchtbar, immer wieder schrieb sie
kritische, giftige Briefe an den Kongreßabgeordneten ihrer Partei.
Auf meine Empfehlung ließ sie sich von einem Herzspezialisten
untersuchen. Dieser sagte, organisch sei bei ihr alles in Ordnung,
aber sie sei voller Gefühlskonflikte und überhaupt böse auf die
ganze Welt.

Daraufhin erklärte ich der Frau, sie könne ihren Ärger und
ihre Gemütsaufwallungen gegenüber ihrer Familie überwinden,
wenn sie ein bestimmtes Gebetsmuster einhalte. Und wenn sie
sich auf Gottes unendliche Gegenwart und Kraft einstimme,
würden Harmonie und Liebe, Ordnung und Ruhe, womit sie
während der Momente stiller Betrachtung göttlicher Dinge in
Berührung komme, sie allmählich ganz durchdringen und ausfül-
len. Des weiteren erklärte ich ihr, daß sie dann eine automatische
Reaktion ihres tieferen Geistes erwarten dürfe, die ihr zu Fas-
sung, Ruhe und Heiterkeit verhelfe; außerdem werde sie gegenüber allen Menschen freundliches Wohlwollen empfinden. Ich
betonte, sie müsse es unbedingt unterlassen, über ihr Leiden
sowie ihre Sorgen und Ängste im Hinblick auf die Weltlage zu
sprechen, denn dies vergrößere ihre inneren Probleme nur und
verschlimmere ihren Zustand, weil man geistig immer das inten-
siviere, was man betrachte.

Sie konzentrierte sich künftig auf nachstehende biblische Heil-
verse, denn sie wußte nun, daß die darin enthaltenen Wahrheiten
dann in ihr Unterbewußtsein sinken und sie heiter, glücklich,
fröhlich und frei machen würden. Hier die Verse, die ich ihr
aufschrieb:

*Siehe, ich habe dir geboten, daß du getrost und freudig seist. Laß
dir nicht grauen und entsetze dich nicht; denn der Herr, dein Gott,
ist mit dir in allem, was du tun wirst* (Josua 1,9).

Wir wissen, daß denen, die Gott lieben, alles mit wirkt zum Guten... (Römer 8,28).

Alle eure Sorgen werfet auf ihn; denn er sorget für euch (1. Petrus 5,7).

Der Herr ist mein Hirte; mir wird nichts mangeln. Er weidet mich auf einer grünen Aue und führet mich zum frischen Wasser. Du bereitest vor mir einen Tisch im Angesicht meiner Feinde. Du salbest mein Haupt mit Öl und schenkest mir voll ein. Gutes und Barmherzigkeit werden mir folgen mein Leben lang, und ich werde bleiben im Hause des Herrn immerdar (Psalm 23,1-2 und 5-6).

Die Hausfrau und Mutter richtete ihre Aufmerksamkeit auf diese geistige Nahrung und fand sehr rasch einen inneren Frieden, *welcher höher ist denn alle Vernunft.*

Wie Sie ein heiteres Gemüt bewahren

Viele Geschäftsleute und Berufstätige mit den unterschiedlichsten religiösen Überzeugungen erzählten mir, daß sie in bestimmten Zeitabständen kirchliche Einkehrtage mitmachen, wo sie Vorträge über Gott, das Gebet und die Kunst der Meditation hören und auch eine Schweigezeit absolvieren. Jeden Morgen erhalten sie Anweisungen und absolvieren gemeinsame Meditationsübungen, mit denen sie sich dann tagsüber ruhig befassen müssen. Nach einer solchen morgendlichen Meditation bekommen sie gesagt, sie sollten das Gehörte überdenken und innerlich betrachten, dazuhin sollten sie ab sofort für einige Tage schweigen, auch während der Mahlzeiten.

Einhellig erklären sie, daß sie von solchen Einkehrtagen neu belebt, gestärkt und seelisch-geistig aufgeladen wiederkämen. Nach der Rückkehr ins Berufsleben halten sie weiterhin jeden Morgen und Abend etwa fünfzehn bis zwanzig Minuten lang stumm Einkehr. Sie haben einen Frieden kennengelernt, wie ihn die Bibel verheißt: *Und der Friede Gottes, welcher höher ist denn alle Vernunft, bewahre eure Herzen und Sinne* (Philipper 4,7).

Auf solche Weise laden diese Menschen ihre geistig-seelischen Batterien neu auf und sind dann in der Lage, voll Selbstvertrauen,

Glauben und Mut weiterzuarbeiten, mit Problemen und Schwierigkeiten, mit dem Streß und den Scherereien des Alltagslebens fertig zu werden. Sie wissen, wie man neue innere Kraft erhält: durch ruhige Einstimmung auf das Unendliche, das – so R. W. Emerson – »in lächelnder Ruhe ausgestreckt daliegt«. Energie, Kraft, Inspiration, Führung und Weisheit erwachsen aus dem Schweigen und aus der Ruhe von Seele und Geist, wenn man auf Gott eingestimmt ist. Diese Menschen haben gelernt, sich zu entspannen und ihre egozentrische Haltung abzulegen. Sie anerkennen, ehren und nutzen Gottes Weisheit und Kraft, die alle sichtbaren und unsichtbaren Dinge erschaffen hat und alles Leben unaufhörlich und ewig steuert. Sie haben beschlossen, den Weg der Weisheit zu gehen. *Ihre Wege sind liebliche Wege, und alle ihre Steige sind Friede* (Sprüche 3,17).

Wie Sie zu Gemütsruhe und Ausgeglichenheit finden

Wenn ich Ihnen als Geschenk ein Buch bringe, müssen Sie die Hand ausstrecken, um es zu bekommen. Ähnlich verhält es sich mit den Reichtümern Gottes: sie liegen in Ihrer Reichweite, aber Sie müssen sich ein bißchen bemühen und danach greifen. Gott ist der Gebende und die Gabe selbst, Sie sind der Empfänger. Öffnen Sie Geist und Herz und lassen Sie Gottes Friedensstrom ein, füllen Sie mit ihm Ihr ganzes Gemüt, denn Gott ist Frieden.

Lesen Sie die Verse des achten Psalms, betrachten Sie deren Wahrheiten, dann werden Sie spüren, wie sich ein starker Strom des Lebens, der Liebe, Ruhe und Ausgeglichenheit über die ausgetrockneten Bereiche Ihres Gemüts ergießt und Ihre gequälte Seele Frieden findet.

Wenn ich sehe die Himmel, deiner Finger Werk, den Mond und die Sterne, die du bereitet hast: was ist der Mensch, daß du seiner gedenkst, und des Menschen Kind, daß du dich seiner annimmst? Du hast ihn wenig niedriger gemacht denn Gott, und mit Ehre und Schmuck hast du ihn gekrönt. Du hast ihn zum Herrn gemacht über deiner Hände Werk; alles hast du unter seine Füße getan (Psalm 8,4-7).

Sie werden Glauben, Selbstvertrauen, Kraft und Sicherheit erlangen, wenn Sie über die ewigen Wahrheiten meditieren, die in diesem Psalm enthalten sind, über die Unermeßlichkeit des Universums, dem wir angehören, über den unendlichen Geist göttlicher Weisheit, der uns schuf, belebt und stützt.

Machen Sie sich klar, daß Sie – wie der Psalmist sagt – die Herrschaft über Ihre Gedanken, Gefühle, Aktionen und Reaktionen haben. Dies verleiht Ihnen ein Gefühl des Selbstwerts, der Würde und Stärke, woraus Sie die Kraft schöpfen werden, die Sie brauchen, um Ihre Arbeit zu tun und ein von Heiterkeit erfülltes Leben zu führen.

Wie Sie innere Konflikte lösen können

In Beverly Hills sprach mich eines Tages auf der Straße ein Mann an. »Glauben Sie«, fragte er, »daß ich Seelenfrieden finden kann? Seit mehr als zwei Monaten bin ich mit mir selber uneins.« Den Mann zerrissen innere Konflikte, er war voller Ängste und Zweifel und auch voller Haß und religiöser Bigotterie. Seiner Tochter zürnte er, weil sie einen Mann anderer Konfession geheiratet hatte, und seinen Schwiegersohn haßte er. Mit seinem Sohn redete er nicht mehr, weil dieser in die Armee eingetreten war, während er selbst einer Friedensbewegung angehörte. Und zu allem hin hatte seine Frau die Scheidung eingereicht.

Natürlich konnte ich ihm an der Straßenecke nicht viel Zeit widmen. Aber ich sagte ihm kurz, er solle sich doch freuen, daß seine Tochter den Mann ihrer Träume geheiratet habe, und wenn seine Tochter den Mann liebe, habe sie recht daran getan, ihn zu heiraten, weil Liebe keine Rasse, keine Religion und kein Wenn und Aber kenne. Außerdem empfahl ich ihm, seinem Sohn zu schreiben, daß er ihn liebe und für ihn bete. Ich machte ihm klar, daß er die Entscheidung seines Sohnes respektieren müsse und sich in dessen Leben nur mit guten, segensreichen Wünschen für den jungen Mann einschalten dürfe. Schließlich sagte ich, seinen Worten müsse ich entnehmen, daß seine ehelichen Auseinandersetzungen vermutlich auf einen ungelösten Kindheitskonflikt mit der Mutter zurückzuführen seien und daß er in seiner Frau einen Ersatz für die Mutter suche.

Auf einen Zettel schrieb ich ihm eine jener heilsamen unvergänglichen Wahrheiten, die er sich zu Gemüte führen sollte: »*Wer festen Herzens ist, dem bewahrst du Frieden; denn man verläßt sich auf dich.*« Ich riet ihm, sich voll Vertrauen, Glauben und Überzeugung auf Gott auszurichten, dann werde er spüren, wie der Strom des Lebens, der Liebe und Seelenruhe sein Herz erfülle. Und beim Gedanken an einen seiner Angehörigen solle er sagen: »Gottes Friede erfüllt meine und auch seine (oder ihre) Seele.«

Einige Zeit danach bekam ich von dem Mann einen Brief, worin er schrieb: »Das Leben war die reinste Hölle für mich. Ich mochte morgens die Augen nicht aufmachen, und jeden Abend nahm ich Phenobarbitol, um überhaupt schlafen zu können. Nach dem Zusammentreffen mit Ihnen aber empfahl ich meine Familie und mich selbst Gott und bekräftigte immer wieder: ›Gott bewahrt mir Frieden, weil ich mich auf ihn verlasse.‹ Daraufhin ist mit mir eine schier unglaubliche Veränderung vorgegangen. Das Leben ist voller Freuden und Wunder. Meine Frau hat die Scheidungsklage zurückgezogen, wir leben wieder zusammen. Meiner Tochter, meinem Schwiegersohn und meinem Sohn habe ich geschrieben, zwischen uns allen herrscht nun Frieden, Harmonie und Verständnis!«

Dieser Mann hat nichts anderes getan, als allen Haß und Groll in seinem Herzen auszumerzen. Als er sich mit Gottes Hilfe dem inneren Friedensstrom überließ, regelte sich alles in göttlicher Ordnung.

Ein »Opfer der Umstände« hörte auf, Opfer zu sein

Während der Sommermonate konnte ich zu meiner Freude in Denver in Colorado ein Seminar abhalten. Am Ende des ersten Vortrags kam ein Mann zu mir und sagte: »Ich bin enttäuscht, unglücklich und in jeder Weise völlig blockiert. Ich würde gern meine Ranch verkaufen und weggehen, aber ich fühle mich wie

im Gefängnis – ich sitze einfach fest! Die äußeren Umstände
vergewaltigen mich.«

Darauf erwiderte ich: »Wenn ich Sie jetzt hypnotisierte, würden Sie glauben, das zu sein, was ich Ihnen suggeriere, weil Ihr
Bewußtsein, das überlegt, urteilt und abwägt, ausgeschaltet wäre
und Ihr Unterbewußtsein meine Suggestionen unwidersprochen
annähme. Wenn ich Ihnen suggerierte, Sie seien ein indianischer
Scout und auf der Jagd nach einem Verbrecher, würden Sie in
die Berge schleichen und den Schurken suchen. Wenn ich Ihnen
suggerierte, Sie seien im Gefängnis und könnten fliehen, würden
Sie glauben, hinter Mauern und Gittern eingesperrt zu sein; auf
meine Suggestion hin würden Sie verbissene Fluchtversuche unternehmen; Sie würden probieren, über Mauern zu klettern,
Schlüssel an sich zu bringen und auszubrechen. Doch die ganze
Zeit über befänden Sie sich hier in diesem offenen Raum, frei
wie der Wind. Ihr Tun wäre einzig und allein auf die Empfäng-
lichkeit Ihres Unterbewußtseins für meine Suggestionen zurückzuführen.

Sie selber haben Ihrem Unterbewußtsein suggeriert, daß Sie
die Ranch nicht verkaufen können, daß Sie dort gefangen sind,
daß Sie nicht nach Denver gehen und tun können, was Sie gern
tun würden, daß Sie schlicht festsitzen. Ihr Unterbewußtsein hat
keine andere Möglichkeit, als diese Suggestionen zu akzeptieren,
da es blind gegenüber allem ist außer dem, was Sie ihm einprägen.
Tatsächlich haben Sie sich selbst hypnotisiert! Ihre Fesseln und
Beschränkungen haben Sie sich selbst angelegt und auferlegt; Sie
leiden wegen Ihrer falschen Überzeugungen und Ansichten, allein daher rühren Ihre inneren Konflikte.«

Ich riet ihm, die uralten Wahrheiten zu befolgen. »*Verändert
euch durch Erneuerung eures Sinnes. Tut Buße, das Himmelreich
ist nahe herbeigekommen.*« Buße tun bedeutet hier, in sich zu
gehen, nachzudenken, vom Standpunkt der Grundprinzipien des
Geistes und der ewigen Wahrheiten aus neu zu denken. Ich sagte
dem Mann, er solle vertrauensvoll das Gute für sich fordern,
denn wenn er rechten Sinnes sei, könne er es jederzeit erhalten.
Er müsse sich nur geistig vorbereiten, das Gute zu empfangen,
so sei er dem Himmelreich tatsächlich nahe. Harmonie und

Gesundheit, Frieden und Wohlstand seien in seiner Reichweite, wenn er sich diese Wohltaten Gottes nur wünsche und seinen Wunsch als wahr empfinde.

Als »Rezept« für seine Genesung schrieb ich ihm ein Gebet auf, das er möglichst oft sprechen sollte:

»Ich vergegenwärtige mir jetzt die unveränderlichen, ewigen Wahrheiten Gottes, die mich faszinieren und mich erfüllen. Ich beruhige meinen Geist und betrachte in Gedanken die große Wahrheit, daß Gott mir innewohnt, in mir wandelt und spricht. Ich stelle die Räder meines Geistes ruhig und bin von dem Wissen erfüllt, daß Gott in mir wohnt. Ich weiß das und glaube es. *›Denn es ist eures Vaters Wohlgefallen, euch das Reich zu geben. Befiehl dem Herrn deine Wege und hoffe auf ihn; er wird's wohl machen.‹*

Ich ziehe kraft unendlicher Weisheit den Käufer an, der meine Ranch will und auf ihr eine gedeihliche Zeit erleben wird; es findet ein gottgefälliger Tausch statt, der uns beiden zum Vorteil gereicht. Der Käufer ist richtig, und der Preis stimmt. Die tieferen Strömungen meines Unterbewußtseins bringen uns beide in göttlicher Fügung zusammen. Ich weiß, daß ich alles erhalte, wenn ich rechten Sinnes bin. Sollten mich Besorgnisse überfallen, behaupte ich sofort mit Nachdruck: ›Diese Dinge berühren mich nicht.‹ Ich weiß, daß es mir gelingen wird, meinen Geist und mein ganzes Gemüt umzupolen auf Ruhe, Entspannung, Gelassenheit und Ausgeglichenheit. Ich schaffe mir eine neue Welt der Freiheit, der Sicherheit und des Wohlergehens.«

Ein paar Wochen später rief mich der Mann an und berichtete, er habe die Ranch verkauft und könne nach Denver gehen; jetzt sei er kein Gefangener seines Geistes, kein Opfer äußerer Umstände mehr. Er sagte: »Ich habe begriffen, daß ich mich durch mein negatives Denken selbst in ein Gefängnis des Mangels, der Beengung und Einschränkung gebracht hatte, daß ich mich tatsächlich selbst hypnotisiert hatte.«

Diesem Mann war klargeworden, daß unser Denken schöpferisch ist, daß seine ganze Enttäuschung aus den Suggestionen anderer erwachsen war, die er akzeptiert anstatt zurückgewiesen hatte, und daß äußere Ereignisse, Zustände oder Bedingungen niemals die wahren Ursachen von Erfolg oder Mißerfolg sind. Er hatte sich Ängste und Beengungen suggerieren lassen und selbst in diesen geschwelgt, statt sie zu verbannen, weil es ihm an der Erkenntnis gemangelt hatte, daß er mit seinem negativen Denken die Beengungen in seinem Leben verursachte. Sein wiederholtes Meditieren verlieh ihm dann die Kraft, konstruktiv zu denken, und bewies ihm, daß er die Fähigkeit besitzt, unter den Möglichkeiten klug zu wählen.

Bewahren Sie, wenn Besorgnis, Angst oder Zweifel Sie überfallen, Ihr inneres Gleichgewicht und sagen Sie mit Nachdruck: *»Ich hebe meine Augen auf zu den Bergen, von welchen mir Hilfe kommt,* und diese Dinge berühren mich nicht.«

Zusammenfassung

1. Wenn Sie den ganzen Tag über die Übelstände auf der Welt grübeln – die Verbrechen, Katastrophen, Krankheiten und Tragödien –, werden Sie von Ihrem morbiden Denken selbst angesteckt und bringen Niedergeschlagenheit und Melancholie über sich. Erkennen Sie, daß die Welt von göttlichem Recht und göttlicher Ordnung beherrscht wird, dann werden Sie emporgehoben und treten in eine Welt der Ehrfurcht vor all dem vorhandenen Göttlichen ein.

2. Ziehen Sie sich geistig in die innere Stille zurück und betrachten Sie die unwandelbaren Gesetze und Prinzipien, die allem zugrunde liegen. Richten Sie Ihren Geist beharrlich auf Gott, dann werden Sie heiteren Gemütes sein und ans Ziel Ihrer Wünsche gelangen.

3. Weigern Sie sich, Ihre Krankheitssymptome, Sorgen und Kümmernisse zu schildern, dann verschwinden diese. Denken Sie an schöne, große Dinge und stimmen Sie sich auf Gott ein.

4. Gereiztheit, Ärger und Feindseligkeit gegen andere lösen sich in nichts auf, wenn Sie die Kunst wirksamen Betens praktizieren, die darin besteht, Gottes Wahrheiten vom höchsten Standpunkt aus zu betrachten.

5. Das Räderwerk in Ihrem Geist können Sie zur Ruhe bringen, wenn Sie langsam den dreiundzwanzigsten Psalm wiederholen. Denken Sie anschließend fünfzehn bis zwanzig Minuten lang über den Sinn nach, den diese Verse für Sie haben. Dann werden Sie spielend mit allen Herausforderungen fertig werden, die das Leben an Sie stellt.

6. Das kosmische Gute ist Gebendes und Gabe zugleich. Und der Empfänger sind Sie. Öffnen Sie sich geistig und seelisch für die Aufnahme von Gottes Friedensstrom und lassen Sie ihn in Ihr Gemüt fließen. Gott ist Frieden, und dieser Frieden harrt Ihrer. Warum noch länger warten? Holen Sie ihn sich jetzt gleich!

7. Der achte Psalm eignet sich ausgezeichnet, um Ihrem Gemüt

Ausgeglichenheit, Vertrauen, Würde und tiefe Ehrfurcht vor
dem Göttlichen einzuträufeln. Er ist eine geradezu wunderwirkende Medizin, die Ihnen zu sinnvoller Heiterkeit verhilft.

8. Wenn zwei Menschen verschiedener Religionszugehörigkeit
einander lieben, dann überwindet die Liebe alle religiösen
Schranken oder institutionellen Dogmen, und die beiden sollten heiraten.

9. Sie sind kein Opfer von äußeren Umständen oder Bedingungen, von Ererbtem oder Ihrer Umgebung. Denken Sie konstruktiv, dann werden Sie aufgrund der schöpferischen Kraft
Ihres Geistes Ergebnisse gemäß der Natur Ihres Denkens
erzielen.

KAPITEL 7

Die beglückende Quelle der Freuden in Liebe und Ehe

Viele Menschen heiraten, ohne um Führung oder gottgegebenes richtiges Handeln gebetet zu haben. Eine Ehe muß, um wirkliche Erfüllung zu sein, in erster Linie auf dem geistigen Fundament eines tiefen inneren Einklangs beruhen. Sie muß eine Vereinigung zweier Herzen sein.

Manche Frauen (oder auch Männer) wollen heiraten um der Sicherheit und Versorgung willen oder weil sie sich ein Heim wünschen. Diese Einstellung ist falsch. Sicherheit erlangt man durch Einstimmung auf die Quelle kosmischer Energie, die zunehmend mehr schöpferische Ideen, Harmonie, Frieden, Glück sowie Schutz und Führung in allen Bereichen bringt.

Wenn ein Mann heiratet, nur weil das Mädchen sehr hübsch ist, viel Geld oder großen gesellschaftlichen oder politischen Einfluß hat, geht er eine Partnerschaft ein, die auf einer falschen Grundlage beruht. Körperliche oder materielle Anziehung allein ist kein gültiger, glückverheißender Maßstab. Diese ergibt keine echte Partnerschaft; denn sie basiert nicht auf Liebe, die eine Bewegung des Herzens ist. Die bloße Tatsache, daß man in einer Kirche heiratet, heiligt eine Ehe nicht unbedingt – nicht ohne daß andere wichtigere Bedingungen erfüllt sind – und macht sie nicht zum Inbegriff der Erfüllung, wie dies eine richtige Ehe ist.

Das Gesetz der Anziehung und des Einklangs

Wir ziehen andere Menschen entsprechend unserer seelisch-geistigen Wellenlänge an: Gleich und gleich zieht an.

Unsere Geisteshaltung bestimmt unser Erleben. Wir müssen uns das geistige Äquivalent dessen schaffen, was wir im Leben wollen. Das tun wir, indem wir ruhig und voll Interesse über die ideale Situation nachdenken, welche wir verwirklicht sehen möchten; so gelingt es uns nach und nach, dieses wunderwirkende geistige Äquivalent in uns zu erzeugen. Und das gilt auch für unseren Wunsch nach Liebe und Erfüllung, für die Anziehung des idealen Partners in der Liebe, in der Ehe, für das Glück zu zweit als eine Vereinigung der Herzen.

Die Ehe ist ein Einklang göttlicher Ideale, sie ist Harmonie und Reinheit der Absicht. Harmonie, Ehrlichkeit, Liebe und Integrität müssen im Geist und in den Herzen von Mann und Frau vorherrschen. Ehe ist eine Vereinigung zweier Seelen in Liebe und Achtung füreinander.

Wenn zwischen zwei Menschen eine echte geistige Vereinigung erfolgt ist, gibt es keine Scheidung, denn keiner von beiden will sie. Die beiden gehen geistig, seelisch und körperlich ineinander auf. Dies ist die wirkliche Bedeutung des Bibelwortes: *Was nun Gott zusammengefügt hat, das soll der Mensch nicht scheiden.* Matthäus 19,6.

Der sichere Weg, den richtigen Mann anzuziehen

Wenn eine Frau abends und morgens das folgende Gebet spricht, erfüllt von dem Wissen, daß ein in den Boden gelegter Same nach seiner Art wächst, werden alle Qualitäten und Charaktereigenschaften des Mannes, über die sie meditiert, in der Gestalt eines idealen Gatten in ihr Dasein kommen.

»Unendliche Intelligenz zieht für mich einen Mann an, der heiratsfähig ist und das Göttliche ehrt, das uns formt. Er ist geistig orientiert, ehrlich, treu, befähigt, wohlhabend und erfolgreich. Er harmoniert geistig-seelisch und körperlich vollkommen mit mir. Er liebt meine Ideale, und ich liebe seine Ideale. Er will mich nicht ändern, und ich will ihn nicht ändern. Zwischen uns herrschen gegenseitige Liebe, Freiheit und Achtung. Er kommt ohne irgendwelche Behinderungen. Es ist ein Akt der Vorsehung, der alles neu macht. Die Weisheit kosmischer Energie in mir bringt uns beide nach göttlicher Fügung zusammen.«

Stellen Sie sicher, daß Sie nicht anschließend bezweifeln, was Sie behauptet haben. Die Wunschverwirklichung erfließt nur Ihrem tiefen Glauben und verträgt keinen Zweifel. Das wäre sonst, als drückten Sie in einem Lift gleichzeitig den Knopf nach oben und den nach unten.

Verweilen Sie bei Ihren guten Eigenschaften, sagen Sie sich, daß Sie ehrlich, aufrichtig, liebevoll und freundlich sind. Sie schätzen ein schönes Zuhause, ein harmonisches Zusammenleben. Sie besitzen natürliche Vorzüge. Sie sind unterhaltsam. Sie können den Mann verwöhnen, lieben, bewundern und ihm ungeheuer nützlich sein. Denken Sie an alle die wunderbaren Eigenschaften, die Sie haben, und lassen Sie diese Ihren geistigen Sender sein.

Sie sind keine Nörglerin, nicht abnorm eifersüchtig, keine Spielerin oder Alkoholikerin.

Im Gegenteil: Sie haben soviel Liebe und Glück, Zärtlichkeit und Bewunderung, Freundlichkeit und Freundschaft zu geben, daß Sie nach dem Gesetz der Gegenseitigkeit den Mann anziehen werden, der auch Sie liebt, verwöhnt und bewundert.

Die richtige Einstellung, um die ideale Frau anzuziehen

Wenn Sie ein Mann sind und eine liebende Frau suchen und finden möchten, fragen Sie sich zuerst, was Sie ihr geben können. Verweilen Sie bei Ihren guten Eigenschaften: Sie sind ehrlich, aufrichtig, treu; Sie haben ein gutes Einkommen und vermögen ein harmonisches Zusammenleben zu bieten. Ihnen ist auch klar, daß Sie der Frau, die Sie lieben, nichts Liebloses sagen, nichts Liebloses antun werden, denn Sie wollen, daß Ihre Frau glücklich und heiter ist und sich ganz selbst verwirklicht.

Beten Sie ruhig und voll inbrünstiger Überzeugung: »Unendliche Intelligenz zieht für mich die richtige Frau an, die heiratsfähig ist. Sie ist anmutig, charmant, ehrlich, aufrichtig, treu und hat tiefe Achtung vor den großen ewigen Wahrheiten Gottes.

Zwischen uns herrschen gegenseitige Liebe, Freiheit und Achtung. Ich bin geistig und seelisch mit diesen Qualitäten der Frau vereint, die ich suche, und ich weiß, daß diese Qualitäten, wenn ich über sie meditiere, in mein Unterbewußtsein sinken und ich in göttlicher Fügung die Frau meiner Liebe anziehen werde, die mein Ideal verkörpert.«

Bekräftigen Sie diese Wahrheiten abends und morgens ruhig und voll Anteilnahme. Wenn sie vergegenwärtigt sind, werden sie auch verwirklicht: Sie werden automatisch die richtige Frau anziehen, und es wird zwischen Ihnen gegenseitige Liebe und Verständnis herrschen.

Wird ein Same in den Boden gelegt, stirbt er zuerst und gibt dann seine Energie an eine andere Form seiner selbst weiter. Genauso werden die Qualitäten der idealen Frau, über die Sie nachsinnen, vergegenständlicht, und dann führen die Weisheit und Kraft kosmischer Energie Sie beide in glücklicher Fügung zusammen.

Noch in den »goldenen Jahren« sind Liebe und echte Partnerschaft möglich

Der Autor dieses Buches schloß als christlicher Priester viele Ehen zwischen Männern und Frauen, die siebzig, achtzig und – in zwei Fällen – sogar neunzig Jahre alt waren. Viele Männer gaben an, sie seien sexuell impotent; dennoch verband gottgegebene Liebe sie mit den Frauen ihrer Wahl, einfach weil sie ehrlich, aufrichtig und gerecht zueinander waren. Mit anderen Worten: Zwischen dem Mann und der Frau herrschte vollkommenes Verständnis.

Ehrlichkeit, Aufrichtigkeit, Gerechtigkeit und Achtung sind Kinder der Liebe; deshalb wurden diese Ehen ehrfürchtig, überlegt und in tiefem Verstehen ihrer geistigen Bedeutung eingegangen. Diese Menschen suchten eine liebevolle Gemeinschaft, in der sie ihre Freuden und Erlebnisse, ihr Glück teilen wollten. Solche Ehen sind echte Vereinigungen zweier Seelen, die ihren Weg zur Erfüllung in der Realität suchten.

Sie fragte: »Soll ich mich scheiden lassen?«

Hier kommt es auf den jeweiligen Fall an, man darf nicht verallgemeinern. Die Scheidung kann in einigen Fällen richtig sein, in anderen falsch. Jedermann kann Ihnen sagen, Sie sollen sich scheiden lassen; häufig aber ist dies genausowenig eine Lösung wie etwa eine halb erzwungene Heirat für einen einsamen Menschen, der lieber allein bleiben möchte.

Eine geschiedene Frau ist jedoch oft ehrlicher, nobler und aufrichtiger als viele ihrer verheirateten Freundinnen, die ein Leben der Lüge führen, anstatt der Wahrheit ins Gesicht zu sehen und die Konsequenzen auf sich zu nehmen.

Viele gebrauchen Ausreden und Entschuldigungen. Eine Trennung wäre aus religiösen, politischen oder geschäftlichen Gründen unmöglich oder sehr schlecht. Andere sagen, sie ließen sich wegen der Kinder oder aus ähnlichen Vernunftgründen nicht scheiden. Allen Erfahrungen zufolge ist es aber weit besser, wenn ein Kind bei nur einem Elternteil lebt, der es wirklich liebt, anstatt daß es unter dem Einfluß eines Vaters und einer Mutter aufwächst, die streiten, zanken und einander ohne Ende anfeinden. Kinder wachsen nach dem Bild und Gleichnis des zu Hause herrschenden geistigen und emotionellen Klimas heran.

Vor einiger Zeit konsultierte mich eine Frau, die in San Francisco verheiratet war. Sie hatte ihren Mann etwa sechs Monate vor der Hochzeit kennengelernt. Er hatte sie in die feudalsten Restaurants, Theater und Luxusnachtlokale der Stadt geführt und ihr teure Geschenke gemacht. Nach seiner Aussage war er selbständiger Forscher; aber sie hatte später, als sie schon verheiratet waren, in seinen Reisetaschen Kokain, Marihuana und andere Drogen entdeckt. Als sie ihn mit den Beweisen konfrontierte, gab er zu, daß er Rauschgift-Dealer sei und oft nach Mexiko fahre, um Stoff zu holen.

Dies war keine Ehe, denn er hatte seine Frau in einem grundsätzlichen Punkt angelogen. Sie war getäuscht und hereingelegt worden. Auf meine Empfehlung wandte sie sich an einen Anwalt und ließ sich scheiden. Sie war reich und hatte durch ihre Beziehungen einigen politischen Einfluß, und das war, wie ihr Mann zugab, der wirkliche Grund gewesen, warum er sie geheiratet hatte. Eine solche Ehe ist nichts anderes als Schwindel, der schon im Interesse der zutiefst getäuschten Frau entlarvt und möglichst bald beendet werden mußte.

Wie er die Freude in der Ehe steigerte

Ein geschiedener Mann, der eine Frau mit anderer religiöser Überzeugung geheiratet hatte, fühlte sich schuldig und fürchtete, bestraft zu werden, denn in seinen Augen hatte er gesündigt. Er war verwirrt durch falsche Auslegung des Bibelverses: *Wer sich von seinem Weibe scheidet (es sei denn um der Hurerei willen) und freit eine andere, der bricht die Ehe; und wer die Abgeschiedene freit, der bricht auch die Ehe.* Matthäus 19,9. In der Bibel heißt es ferner: *Wer ein Weib ansieht, ihrer zu begehren, der hat schon mit ihr die Ehe gebrochen in seinem Herzen.* Matthäus 5,28.

Für diesen Mann bedeutete die Tatsache der Erklärung schon die Befreiung und Heilung von einem Schuldkomplex. Uns wird gesagt, der Ehebruch sei eine Sache des Herzens, und »Herz« ist eine alte Bezeichnung für das Unterbewußte. Das Herz ist Sitz der Emotionen, also des Gefühls- und unbewußten Geisteslebens des Menschen. Handlungen des Körpers werden von Regungen des Geistes bestimmt. Ich erklärte dem Mann, daß die in der Bibel erwähnten Männer und Frauen symbolisch die Wechselwirkung zwischen Bewußtsein und Unterbewußtsein darstellen. Das Bewußtsein wird in der Bibel als der Mann und das Unterbewußtsein als die Frau bezeichnet.

Die Bibel ist ein seelisch-geistiges Textbuch und ist als solches zu verstehen. Sie weist darauf hin, daß der Mensch, wenn er an falsche Götter glaubt oder die schmutzigen Viertel in seinem eigenen Geist besucht, im Bett seines Geistes dem Übel beiwohnt und Hurerei und Ehebruch begeht – biblisch gesprochen. Ein Mann, der sich selbst verurteilt und Haß und Feindseligkeit hegt, wohnt ganz entschieden dem Übel bei und macht sich somit – wiederum biblisch gesprochen – der Hurerei und des Ehebruchs schuldig, nämlich an den ewigen Gesetzen des Geistes. Er ist bereits geschieden, denn er ist nicht länger dem Strom des Friedens, der Harmonie und Liebe verbunden.

Ich machte dem verwirrten Mann aber vor allem klar, daß Gott als der Inbegriff des Lebensprinzips und Spender kosmischer Energie nie verurteilt oder bestraft. Das tun wir selbst durch die Art unseres Denkens und Fühlens. Die Eheregeln, Ehesitten und -bestimmungen unterscheiden sich in den einzelnen Staaten und Kulturbereichen. Doch alle wurden von religiösen Grundvorstellungen unterschiedlicher Konfessionen geprägt und fanden ihren Niederschlag in Sitten und Gesetzen. Die Liebe kennt keine Konfessionen, keine Dogmen, keine Gesetze, weder Rasse noch Nationalität. Die Liebe geht nach ihren eigenen Gesetzen, über alle diese Dinge hinaus. Gott ist unpersönlich und sieht die Person nicht an.

Der Mann beschloß, sich zu verzeihen, daß er die andere »im Geiste begehrte« und nach seiner Scheidung auch heiratete. Er begann sich ausschließlich der Lebensfreude zuzuwenden. Er betete: »Gottes Liebe vereinte uns. Ich sehe Gottes Gegenwärtigkeit in meiner Frau, und sie sieht seine Gegenwärtigkeit in mir. Immer wenn ich an sie denke, werde ich sagen: ›Gott liebt dich und sorgt für dich.‹«

Seither sind Jahre vergangen. Die Ehe der beiden wurde zunehmend glücklicher. Er ist von falschem Glauben, von Aberglauben und seinem daraus resultierenden Schuldkomplex geheilt. Seine Frau versicherte mir: »Nach Jahren der Zerknirschung wurde uns beiden das Wunder der Erfüllung zuteil.«

Wie eine Dirne zum Eheglück fand

Vergegenwärtigen Sie sich nochmals die folgenden Wahrheiten, die für Sie lebenswichtig sind: Selbstvergebung bedeutet geistige Harmonie und seelischen Frieden. Selbstverurteilung und Selbstbestrafung bedeuten Elend und Leiden. Gott oder der Spender kosmischer Energie ist das Lebensprinzip, das alle Dinge beseelt, das Ihnen und jedem Menschen innewohnt. Wenn Sie sich brennen, reduziert das Lebensprinzip das Ödem und bildet neue Haut und Knochen. Wenn Sie sich schneiden, baut dieses wunderbare Lebensprinzip aus neuen Zellen eine Brücke und heilt Ihre Wunde. Dieses Lebensprinzip steht jeglicher Strafe fern und versucht im Gegenteil immer, Sie zu heilen und Ihre Unversehrtheit wiederherzustellen.

Wenn Sie die Prinzipien beispielsweise mathematischer Grundregeln falsch angewandt haben, geht Ihre Rechnung nicht auf. Sobald Sie diese richtig anwenden, erhalten Sie sofort auch richtige Ergebnisse. Genauso wird, wenn Sie Ihren Geist durch Ihr Denken richtig zu nutzen beginnen – also durch Denken vom Standpunkt ewiger Wahrheiten aus, die gestern, heute und immerdar dieselben sind –, Ihr Unterbewußtsein sofort auf das neue Denkmuster reagieren, die Vergangenheit wird vergessen sein, und Sie beginnen ein neues, glücklicheres Leben.

Vor mehreren Jahren fragte mich eine Frau, die den »Pfad der Freude« ging: »Ich möchte ein neues Leben anfangen, heiraten, geliebt, geachtet sein, einen Mann, ein Zuhause und Kinder haben. Was soll ich tun? Bin ich verdammt?«

Ich antwortete ihr, in dem Augenblick, in dem sie zu einem klaren Entschluß komme und aufrichtig zu sein wünsche, was sie sein wolle, werde die allmächtige Kraft für sie wirken und ihre Herzenswünsche verwirklichen. Ich betonte die einfache Wahrheit, daß Gott – der Inbegriff des Lebensprinzips und Spender kosmischer Energie – niemanden verdammt. *Deine Augen sind rein, daß du Übles nicht sehen magst, und dem Jammer kannst du nicht zusehen…* (Habakuk 1,13).

Die Gesellschaft und alle Welt mögen kritisieren, oder Sie mögen sich der Selbstbeschuldigung und Selbstbefragung hingeben, aber: *… der Vater richtet niemand; sondern alles Gericht hat er dem Sohn gegeben* (Johannes 5,22). Der Sohn, das ist Ihr Geist. Dort sprechen Sie das Urteil über sich selbst: durch die Gedanken, die Sie haben. Sie verzeihen sich selbst, indem Sie in sich eine Stimmung des Friedens, der Liebe und Harmonie schaffen.

Ich sagte der Frau, sie brauche sich lediglich von der Vergangenheit abzuwenden und geistig sowie gefühlsmäßig mit ihren Lebenszielen – Frieden, Freiheit, Würde, Liebe, Heirat, Glück

– eins zu werden. Wenn sie dies tue, würde Gott in seiner Liebe reagieren. Ein Hauch des Friedens werde, so fügte ich hinzu, ihren Geist, ihre Seele benetzen wie Himmelstau, und ein Strom kosmischer Energie werde alle Schatten von Angst und Schuld wegspülen. Indem sie aufhörte, sich selbst zu verurteilen, werde die Welt aufhören, sie zu verurteilen.

Sie sprach häufig folgendes Gebet: »Ich verzeihe mir vollständig, und immer wenn ich die Neigung zu Zerknirschung und Haß verspüre, werde ich nachdrücklich sagen: ›Ich preise Gott, der mir innewohnt.‹ Gott liebt mich und sorgt für mich. Sein Frieden erfüllt meine Seele, und seine Liebe durchdringt mein ganzes Wesen. Ich bin im Geiste nun mit einem geistig noblen Mann verheiratet, und zwischen uns herrschen Harmonie, Frieden und Verständnis. Ich danke für meine glückliche Ehe, mein wunderbares Heim und meine beiden Kinder.«

Ihre innere Rede war, als sei sie tatsächlich bereits verheiratet, als habe sie ihr Heim und ihre Kinder.

Alle ihre Wünsche erfüllten sich. Sie führt jetzt ein glückliches Leben. Sie heiratete einen Universitätsprofessor, und kürzlich gebar sie gesunde Zwillinge.

Weib, wo sind sie, deine Verkläger? Hat dich niemand verdammt? Sie aber sprach: Herr, niemand … So verdamme ich dich auch nicht; gehe hin und sündige hinfort nicht mehr. Johannes 8,10-11.

Ein Gebet für Eheleute

Glück in der Ehe hängt von Liebe, Aufrichtigkeit, Treue, Verständnis und dem Wunsch ab, einander geistig, seelisch und in jeder Weise zu heben.

Liebe führt eine Frau nicht in ein schäbiges, drittklassiges Motel; und wirkliche Liebe wird auch nicht ausgedrückt durch ein heimliches, verbotenes »Zwischenspiel« in einem abgelegenen Nobelhotel. Um sich ein glückliches Liebes- und Eheleben zu sichern, sollten Sie zusammen beten, dann werden Sie zusammenbleiben.

Beten Sie häufig: »Göttliche Liebe, Harmonie, Frieden und

vollkommenes Verstehen wirken jetzt in unserer glücklichen Ehe. Morgens, mittags und abends grüßt jeder von uns das Göttliche im anderen, und alle unsere Wege sind Wege der Freude, der Liebe und des Friedens.«

Zusammenfassung

1. Eine Ehe muß, um wirkliche Erfüllung zu sein, in erster Linie auf einem geistigen Fundament beruhen. Jeder Partner muß Achtung vor dem Göttlichen empfinden, das uns erschuf. Liebe muß zwei Herzen vereinen. Ein Pfarrer, Pastor oder Rabbi allein macht eine Ehe nicht gültig; die Ehe wird in den Herzen zweier Menschen geschlossen.

2. Gleich und gleich zieht an. Um in Ihrem Leben den richtigen Mann anzuziehen, müssen Sie über die Eigenschaften und Qualitäten nachdenken, die Sie an einem Mann bewundern. Wenn Sie sich intensiv diese Qualitäten vergegenwärtigen und immer wieder an diese denken, sinken sie, gleich Samen, in Ihr Unterbewußtsein, und Sie werden dem Mann, der Ihr Ideal verkörpert, begegnen und ihn anziehen. Jeder Same wächst nach seiner Art.

3. Fragen Sie sich ehrlich: »Was habe ich einem Mann zu geben?« Denken Sie an alle Ihre guten Eigenschaften, an Ihre Talente und Fähigkeiten, und lassen Sie diese als Ihren Sender wirken; irgendwo ist ein Mann, der Ihre Signale empfängt. Wir alle empfangen und senden auf geistiger Ebene, und was Sie suchen, das sucht immer auch Sie.

4. Wenn ein Mann eine Frau sucht, sollte er über die Eigenschaften nachdenken, die er an einer Frau bewundert. Indem er diese Eigenschaften und Qualitäten geistig betrachtet, diese im Geist vergegenständlicht, wird die unendliche Weisheit seines Unterbewußtseins die beiden nach göttlicher Fügung zusammenbringen.

5. Die Ehe ist die heiligste aller irdischen Institutionen. Man sollte sie ehrfurchtsvoll, überlegt und mit tiefem Verständnis ihrer geistigen Bedeutung eingehen. Ehe ist ein Einklang der Herzen und göttlicher Ideale, sie ist Harmonie und Reinheit der Absicht.

6. Zahlreiche ältere Männer und Frauen – und mögen sie Großväter oder Großmütter, Witwer oder Witwen sein – finden

Freude und Glück in einer späten Lebensgemeinschaft. Bei
vielen ist das Feuer der körperlichen Liebe erloschen; sind
sie aber ehrlich, aufrichtig und gerecht zueinander, so sind
solche Ehen auch Liebesehen, denn Gerechtigkeit, Ehrlichkeit, Achtung und Verständnis sind Kinder der Liebe. Liebe,
Wahrheit, Schönheit, Harmonie und Frieden kennen kein
Alter: sie sind zeitlos, alterslos, ewig.

7. Bei der Scheidung kommt es auf den jeweiligen Fall an, man
darf nicht verallgemeinern. In manchen Fällen kann Scheidung die einzige Lösung sein, in anderen wäre sie völlig
falsch. Einer Scheidung haftet kein Stigma an. Geschiedene
Frauen sind oft edler und ehrlicher als viele andere, die lieber
in einer Ehe fortgesetzter Lüge und traurigen Betruges leben,
als der Wahrheit ins Gesicht zu sehen und die Konsequenzen
zu ziehen.

8. Wird eine Frau im Grundsätzlichen getäuscht und entdeckt
sie in der Ehe, daß ihr Mann Frauen schlägt oder sein Dasein
unehrlich fristet – wie der Rauschgifthändler aus San Francisco –, so sollte sie die Lüge sofort beenden; denn in
Wirklichkeit hat eine Ehe als die »Vereinigung zweier Herzen« nie bestanden.

9. Wenn ein Ehepartner (ein Mann oder eine Frau) gegenüber
dem kosmischen Energiespender – der Gegenwärtigkeit Gottes in ihm – treu und voll Hingabe ist, wird er zwangsläufig
auch seinem Partner, seinem Arbeitgeber, seinen Kindern
und seinem Land gegenüber treu sein. Die Bibel weist darauf
hin, daß der Mensch, wenn er an falsche Götter glaubt,
Ehebruch begeht und im Bett seines Geistes dem Übel
beiwohnt. Auch wer sich der Selbstverurteilung und Selbstbestrafung überläßt und Haß oder Feindseligkeit gegen sich
hegt, begeht einen Ehebruch, nämlich an den Gesetzen des
Geistes. Er ist geschieden; denn er ist in seinem Geist ge-
trennt von Liebe, Frieden, Harmonie und Freude. Ehebruch
und Hurerei begeht man daher im Geist und am Geist.

10. Gott – der kosmische Energiespender oder das Lebensprinzip – verurteilt oder bestraft nie. Dies tun wir selbst durch
Mißbrauch der Gesetze des Denkens und Glaubens, durch

negatives Denken und Fehldeutung des Lebenssinnes. Liebe kennt keine Konfessionen, keine Dogmen, keine Rassen oder Nationalitäten. Die Liebe geht über alle diese Dinge hinaus. Gott ist Liebe und sieht die Person nicht an.

11. Selbstvergebung bedeutet geistige Harmonie und seelischen Frieden. Selbstverurteilung bedeutet Elend und Leiden. Das Lebensprinzip kennt keine Strafe und hilft Ihnen immer, ob Sie sich brennen oder schneiden oder etwas Verdorbenes essen. Ihr Geist ist ein Prinzip. Wenn Sie ein mathematisches Prinzip fünfzig Jahre lang falsch angewandt haben und dann beginnen, es richtig anzuwenden, bekommen Sie sofort richtige Ergebnisse. Genauso verhält es sich auf seelisch-geistigem Gebiet.

Beginnen Sie richtig zu denken, richtig zu fühlen, so werden Sie richtig handeln. Beginnen Sie richtig zu beten, dann werden Sie von Ihrem Unterbewußtsein eine Ihrem Wunsch entsprechende Reaktion erhalten, und die Vergangenheit wird vergessen sein. Sie brauchen lediglich sich selbst zu vergeben und dann zu beschließen, die früher begangenen Fehler nicht mehr zu machen.

12. Wenn eine Dirne aufhört, sich zu verurteilen, wenn sie ernstlich beschließt, ein neues, glückliches und erfülltes Leben zu führen, und wenn sie sich regelmäßig und systematisch die Wahrheiten Gottes vergegenwärtigt, wird sie es erleben, daß ihr Unterbewußtsein entsprechend reagiert. Eine solche Frau erkannte, daß es keinen Gott irgendwo dort oben im Himmel gibt, der sie bestraft, sondern daß sie selbst die Ursache alles dessen war, was ihr widerfuhr. Sie faßte den Entschluß, sich zu ändern und ein neues Leben in Gott zu führen, zu heiraten, ein Heim und Kinder zu haben.

Ihr geschah gemäß ihrem Entschluß. Als sie aufhörte, sich selbst zu verurteilen, hörte auch die Welt auf, sie zu verurteilen, und sie blieb nicht länger von den Wohltaten des Lebens und vom Glück der Liebe und Ehe ausgeschlossen.

13. Glück in der Ehe hängt von Liebe, Loyalität, Aufrichtigkeit, Verständnis und dem Wunsch ab, einander geistig, seelisch

und in jeder Weise zu heben. Um sich ein glückliches Eheleben zu sichern, sollten Sie zusammen beten, dann werden Sie zusammenbleiben und glücklich sein.

KAPITEL 8

Wie das Prinzip des unendlichen Wachstums Ihren Wohlstand mehrt

Überall versuchen Menschen, das Gute in ihrem Leben zu vermehren und zu vergrößern. Ein gottgegebenes Verlangen drängt sie, sich zu entwickeln, zu wachsen, emporzusteigen, an die Grenzen der Sinnenwelt zu stoßen und sie zu überwinden.

Bestimmt wünschen auch Sie sich die Vermehrung Ihrer irdischen Güter, Ihres Geldes, Ihrer beruflichen Chancen und Ihrer Freunde. Sie wünschen sich, wie alle anderen Menschen und auch ich, den Genuß der angenehmen Dinge des Lebens. Der sichere Weg zur Verwirklichung dieser Wünsche führt über die Kenntnis der universellen Gesetze des Geistes, mit deren Hilfe jeder einzelne die unermeßliche Schatzkammer in seinem Inneren anzapfen und somit Zugang zum unendlichen Geist kosmischer Dimension finden kann.

Der Erdboden vergrößert und vervielfacht seiner Natur gemäß die Samen, die Sie aussäen. Wenn Sie Eicheln in den Boden legen, können Sie fest damit rechnen, daß nach Jahren ein Eichenhain entstanden sein wird. *Gott hat das Gedeihen gegeben* (1. Korinther 3,6). Das Netzwerk Ihres Unterbewußtseins ist gedeihlich wie der Erdboden: Durch bildhaftes Vorstellen von Wohlstand und Reichtum sowie konzentriertes, intensives Denken an Harmonie und Glück wird Ihr Unterbewußtsein aktiviert, und zwangsläufig werden innere wie auch äußere Reichtümer auf dem Bildschirm des Raumes, das heißt in Ihrem Leben, sichtbar.

Wachstum bedeutet demnach, daß Sie sich in allen nur erdenklichen Lebensbereichen positiv entwickeln. Jeder Gedanke ist

Grünlicht des Handelns, ist beginnende Aktion und der entscheidende Schritt zur Erreichung der in Ihrem Unterbewußtsein innewohnenden und Sie umgebenden Reichtümer.

Sobald er an sein Wachstum glaubte, wurde er reich

Vor Jahren hielt ich auf dem Handelsschiff »Princess Italia«, das im Zuge einer Rundfahrt viele Häfen in Alaska anlief, ein Seminar ab. Im Hafen der kanadischen Stadt Victoria kamen achtzehn junge Leute, die sich dem Studium der Geisteswissenschaften verschrieben hatten, zu mir aufs Schiff. Wir unterhielten uns gut drei Stunden lang über die Weisheit und die Wunder des Unterbewußtseins, und zwei meiner Besucher berichteten, daß sich aufgrund der Lektüre meines Buches *Die Macht Ihres Unterbewußtseins* und die Anwendung der von mir empfohlenen Einstellungen und Prinzipien ihr Schicksal grundlegend geändert hätte; sie führten jetzt, sagten die zwei jungen Männer, ein viel glücklicheres, reicheres und erfüllteres Leben.

Ein etwa vierzigjähriger Mann, der unsere Diskussion interessiert verfolgt hatte, erzählte mir nach dem Weggang meiner Besucher, daß er vor Jahren immer darüber nachgegrübelt hatte, wie arm er doch sei, und daß er sich auch Sorgen über die Armut und Not so vieler anderer Menschen gemacht hatte. Wenn er beispielsweise von Zeit zu Zeit Verwandte besucht habe, sei er stets ihrem Geldmangel, ihrer Armut und ihren Krankheiten begegnet. Auch habe er sich selbst ständig gefragt, warum er einfach nicht vorankomme, obwohl er doch regelmäßig zu Gott für eine bessere Zukunft betete.

In seiner Ratlosigkeit hatte er eines Tages einen spirituell hochstehenden Psychotherapeuten aufgesucht. Dieser hatte ihm gesagt, das alles liege an seinem Denken. Wenn er immer nur denke, wie er und so viele andere Menschen in Armut und Not leben, neutralisiere er, weil sein Denken schöpferisch sei, seine eigenen Gebete, und er beraube sich selbst ihrer segensreichen Wirkung. Der Mann sagte zu mir, ihm sei es »wie Schuppen von den Augen gefallen«. Seit dieser Zeit bekräftigte er zutiefst überzeugt, daß

Gott ihn und alle anderen Menschen in jeder nur erdenklichen Weise wachsen läßt. Außerdem hat er sich auf den Ratschlag seines Psychotherapeuten hin angewöhnt, jedem Menschen, dem er begegnet, Gottes Frieden und Fülle zu wünschen.

Inzwischen ist er ein in Alaska angesehener, sehr erfolgreicher Geschäftsmann, der über sein eigenes Privatflugzeug verfügt und auf ein ansehnliches Vermögen verweisen kann. Er kennt jetzt die Wunderwirkung der gläubig praktizierten goldenen Regel, die auf einer tiefen, psychologisch begründeten Wahrheit beruht: Was man anderen wünscht, das wünscht man sich selbst. Diese Weisheit klingt auch in einer alten indianischen Redensart der in Alaska heimischen Ureinwohner an: Das Schiff, das zu meinem Bruder heimkommt, kommt zu mir heim.

Wer sich am Erfolg anderer freut, wächst selbst

An der Schiffsreise, die uns nach Alaska führte, nahm auch ein Geschichtsprofessor teil, mit dem ich mich eines Nachmittags angeregt unterhielt. Er schrieb seine beruflichen Erfolge und den Aufstieg zum Professor nicht nur, was durchaus einleuchtend wäre, seinem Fleiß und seiner Fachkenntnis zu, sondern auch dem Umstand, daß er sich, wie er sagte, bewußt und systematisch über Erfolge seiner Kollegen freue. Es habe ihn immer mit Zufriedenheit, Genugtuung und Hoffnung erfüllt, wenn er seine Kollegen vorankommen sah.

Erst später, nach Jahren, so gestand er, habe er erkannt, daß er, indem er aufrichtige Freude über das Glück und die Erfolge seiner Kollegen empfand, sich selbst förderte und beförderte!

Seine Gedanken und Gefühle sanken in sein Unterbewußtsein und was dort eingepflanzt wird, kann hundertfach, ja sogar tausendfach vervielfältigt zur eigenen Freude, zum eigenen Glück hervorwachsen. Der sympathische Mann, der mir das erzählte, ist heute der jüngste Professor an seinem College.

Freuen auch Sie sich an der Idee von Reichtum und Fülle für Ihre Mitmenschen, dann wird das Prinzip des Wachstums auch in Ihrem Leben wirksam werden.

Die wundersame Vermehrung seines letzten Dollars

In Juneau, Alaska, berichtete mir der Besitzer eines ansehnlichen Ladens, daß er vor sieben Jahren mit einem einzigen Dollar in der Tasche hier angekommen sei. Dann sagte er: »Ich betrachtete den Silberdollar in meiner Hand und sagte mir: ›Alles auf der Welt kommt von Gott.‹ Dann schloß ich die Finger um den Dollar und sagte mir immer wieder, wohl eine Stunde lang: ›Gott vervielfacht meinen Dollar über die Maßen, denn Gott ist es, der wachsen läßt und alles mehrt.‹«

Mit einem Dollar in der Tasche habe er zu Fuß die für ihn neue Stadt besichtigt – und er fand auf der Straße einen Hundertdollarschein, der ihm erlaubte, sich in einem Hotel einzuquartieren. Kurze Zeit später bekam er Arbeit in einem Restaurant, und da er sehr genügsam lebte, konnte er einiges Geld ersparen. Er nahm Flugstunden, erwarb bald darauf preiswert ein Flugzeug und erschloß sich eine zusätzliche lohnende Einnahmequelle als »Buschpilot«. Noch heute fliegt er gelegentlich Touristen über Gletscher und Berge zu den landschaftlichen Sehenswürdigkeiten Alaskas. In sieben Jahren erwarb er ein kleines Vermögen, nicht zuletzt aufgrund dieses Nebenberufes, der ihm auch noch viel Freude macht.

Seinen andauernden Erfolg führt der Mann darauf zurück, daß er in der unerschütterlichen Erwartung des für ihn Guten lebt und Gott als der Quelle aller Segnungen täglich dankt. Es ist kein »Wunder«, daß die Reichtümer Gottes ungehindert in sein Leben fließen.

Wachstum liegt in jedermanns Reichweite

Sie können die universell gültigen Gesetze des Denkens und Glaubens wie jeder andere Mensch dazu nutzen, in allen Belangen voranzukommen und zu wachsen. Geben Sie an Ihrer jetzigen Wirkungsstätte Ihr Bestes, das heißt, seien Sie gegenüber den Menschen in Ihrer Umgebung rücksichtsvoll, liebenswürdig, freundlich und umgänglich, begegnen Sie ihnen voll Güte und Liebe.

Denken Sie nie kleinlich, sondern in großen Dimensionen. Vergegenwärtigen Sie sich das Prinzip der Fülle und des Wachstums, auf dessen Spuren Sie überall stoßen. Billigen Sie, was Sie tun. Ihr jetziges Tun ist ein Schritt vorwärts, und jeder Schritt führt Sie zu größerem Erfolg. Erkennen Sie Ihren wahren Wert und wünschen Sie sich bewußt Wohlstand, Beförderung und Anerkennung. Sehen Sie sich bildhaft-konkret in Situationen, die die Verwirklichung Ihrer Wünsche vorwegnehmen. Freuen Sie sich über das gedanklich Erreichte.

Achten Sie aber auch darauf, daß Sie allen Menschen, mit denen Sie zusammenkommen – sei es Ihr Chef, Ihr Kollege oder sei es Ihr Kunde oder Ihr Freund –, ebenfalls Wachstum und Wohlstand wünschen. Schließen Sie, wenn Sie beten, Ihre Mitmenschen in Ihre Gebete ein. Machen Sie sich dies zur Gewohnheit, dann werden Sie Ihr Unterbewußtsein entsprechend prägen. Auch werden Ihre Mitmenschen die von Ihnen ausstrahlenden Energien innerer Harmonie, guten Willens und guter Wünsche spüren, und das gesetzmäßig wirksame Prinzip der Anziehung wird Ihnen hundert neue Möglichkeiten erschließen.

Sein Vorstellungsbild nahm die Zukunft vorweg

Während einer Reise nach Spanien und Portugal hatte ich in Sevilla eine sehr interessante Begegnung. Ich besichtigte dort die imposante Giralda, ehemals Minarett und nun Glockenturm der Kathedrale, dieses größten spätgotischen Kirchenbaus der Welt, in dem 1899 die Gebeine von Christoph Kolumbus endgültig ihre letzte Ruhe fanden. Und hier lernte ich einen siebenundzwanzigjährigen Mann kennen, der aus Ecuador stammte und ausgezeichnet Englisch, Spanisch und Portugiesisch sprach.

Der Mann schilderte mir ein faszinierendes Erlebnis, das sich etwa vor fünf Jahren ereignet hatte. Ein Freund aus Los Angeles hatte ihm ein Exemplar meines Buches *Die Gesetze des Denkens und Glaubens* geschickt, das er daraufhin intensiv studiert hatte.

Damals beendete er gerade sein Universitätsstudium, und er wandte nun eine der in diesem Buch beschriebenen Techniken an.

Jeden Abend vor dem Einschlafen stellte er sich bildhaft vor, er sei Fremdenführer und begleite als solcher private Reisegruppen nach Spanien und Portugal. In seiner Vorstellung *war* er der Reiseführer, der zu sein er sich wünschte. Er wußte, daß die seinem Unterbewußtsein innewohnende Weisheit ihm den Weg zur Verwirklichung seines Wunsches weisen würde, und lebte zutiefst überzeugt in dieser Vorstellung.

Das Ergebnis ist beeindruckend: Einer seiner Professoren fragte ihn eines Tages, ob er nicht Interesse daran habe, ein reiches kanadisches Ehepaar als Fremdenführer und Dolmetscher auf die Iberische Halbinsel zu begleiten. Natürlich nahm er das Angebot an. Seither hält er sich auf der Halbinsel auf, denn das Ehepaar empfahl ihn an wohlhabende Freunde weiter, für die er nun als Führer, Chauffeur sowie Dolmetscher arbeitet. Neben seiner an sich interessanten Tätigkeit, die ihm ein beträchtliches Einkommen sichert, kann er sich, wie er mir mit sichtbarer Freude sagte, seiner angestrebten Vervollkommnung in Kunstgeschichte widmen.

Auf der Startbahn zu den inneren und äußeren Reichtümern steht auch Ihnen nichts im Weg. Was immer Sie sich im Vertrauen auf die universellen Gesetze des Geistes bildhaft vorzustellen vermögen und somit als Tatsache Ihres Lebens geistig vorwegnehmen, das können Sie auch verwirklichen.

Was ihn in seinem Wachstum hinderte und wie er das änderte

Vor einigen Jahren sagte ein Schreibwarenhändler in einem Gespräch vorwurfsvoll zu mir, er bete um Erfolg, Fülle und Wohlstand, erziele aber nicht die geringsten Ergebnisse in Richtung seiner Anliegen. Ich fand bald heraus, daß er sich in Wirklichkeit seines Armseins wie einer Tugend rühmte, andererseits aber der Regierung, dem Steuerdruck und überhaupt dem ganzen politischen System die Schuld an seiner mißlichen Lage anlastete. Er hielt sich für ein Opfer der »verdorbenen« Gesellschaft und rein äußerer Umstände.

Ich erklärte ihm, daß er durch sein ständiges Jammern und Poltern seine finanziellen Schwierigkeiten nur verschlimmerte. Sein Unterbewußtsein verfielfache, so sagte ich ihm, genau das, was er tagtäglich denke und glaube.

Auf meine Empfehlung hin änderte er die Inhalte seines Denkens und Glaubens. Täglich nun bekräftigte er mehrmals tief überzeugt: »Mein Geschäft ist Gottes Geschäft, und das Geschäft Gottes blüht und gedeiht. Ich werde jetzt der göttlichen Fülle um mich herum und der göttlichen Kraft in meinem Inneren gewahr. Diese Kraft wird jetzt sofort wirksam. Ich bin offen für Wachstum und Wohlstand. In mein Geschäft kommen Menschen, die gedeihen, und auch ich gedeihe bestens. Aus den Schatzkammern des unendlichen Geistes fließen mir Gottes innere und äußere Reichtümer in Fülle zu.«

Die einfachen Wahrheiten dieses schlichten Gebetes machten sich bald in seinem Leben geltend. Das Geschäft ging aufwärts, und nach einigen Monaten sah seine finanzielle Lage bedeutend besser aus. Der Mann hat erkannt, daß in der Vergegenwärtigung der Reichtümer Gottes der Schlüssel zu finanziellem Erfolg liegt.

»Bittet, so wird euch gegeben«

In dem berühmten portugiesischen Wallfahrtsort Fátima machte ich nach der üblichen Besichtigung mit meinem kolumbianischen Reisebegleiter, den ich schon seit längerem gut kannte, eine ausgedehnte Mittagspause. Als wir gerade unser Essen bestellt hatten, kam eine Schülerin an unseren Tisch, stellte sich vor und sagte: »Herr Doktor Murphy, ich danke Ihnen sehr für Ihren Brief und das Gebet, das Sie mir voriges Jahr geschickt haben. Ich habe Ihre Anweisungen genau befolgt.«

Da ich mich nicht an den Brief des Mädchens erinnern konnte, klärte mich Jane auf. Sie hatte mir geschrieben, daß es ihr sehnlicher Wunsch sei, nach Fátima zu fahren, daß sie aber kein Geld habe und mich bitte, ihr zu schreiben, wie sie beten müsse. Den

Wunsch nach der Reise hatte ein Buch über Fátima in ihr geweckt, doch ihre in San Francisco lebenden Eltern verfügten nicht über die Mittel, ihr diese Reise zu ermöglichen.

Jane zeigte mir eine Abschrift des Gebetes, das ich ihr seinerzeit geschickt hatte: »Gott öffnet mir den Weg, daß ich in göttlicher Fügung kraft göttlicher Liebe den Wallfahrtsort Fátima besuchen kann.« In meinem Brief hatte ich ihr empfohlen, jeden Abend vor dem Einschlafen ihren Körper zu entspannen und sich dann lebhaft vorzustellen, sie steige in Lissabon aus dem Flugzeug, zeige den portugiesischen Grenzpolizisten ihren Paß und fahre danach in den Wallfahrtsort. Sie solle ferner, wenn sie im Geiste die Kirche von Fátima betrete, das Gefühl haben, daß sie wirklich dort sei: sehen und hören, was da vorgeht, und sich über ihre Anwesenheit in der Kirche zutiefst freuen. Wenn sie jeden Abend mit dieser Vorstellung einschlafe, werde sich ein Weg öffnen.

Jetzt erzählte mir die Schülerin, wie es zur Verwirklichung ihres Herzenswunsches kam. Eine Schulfreundin hatte sie fürs Wochenende zu sich nach Hause eingeladen. Wie sich herausstellte, hatte der Vater ihrer Freundin für den nächsten Sommer eine Reise nach Spanien und Portugal vor, auf der auch Fátima besucht werden sollte. Als er von Janes Herzenswunsch hörte, lud er sie spontan ein, die Reise mit seiner Familie mitzumachen.

In der Bibel heißt es: *Ich gehe hin, euch die Stätte zu bereiten. Und wenn ich hingehe, euch die Stätte zu bereiten, so will ich wiederkommen und euch zu mir nehmen, auf daß ihr seid, wo ich bin* (Johannes 14,2-3).

Die Schülerin hatte die Stätte, die sie besuchen wollte, »bereitet« durch bildhaftes Vorstellen der Situation, die sie sich wünschte. Ihr so geprägtes Unterbewußtsein hatte sich ihres Wunsches angenommen und den Weg eröffnet. Der Vater ihrer Freundin war zum Kanal für die Antwort auf ihr Gebet geworden.

Die Freude dieses Mädchens beschreibt das Bibelwort: *Mein Becher ist gefüllt bis zum Rande* (Psalm 23,5), die Verheißung der Erfüllung für jeden von uns ein anderes: *Bittet, so wird euch gegeben* (Matthäus 7,7).

Eine Meditationsformel zu Einstimmung auf Erfolg

Die nachfolgende wirksame Meditationsübung hilft Ihnen auf dem Weg zu größerem beruflichem oder geschäftlichem Erfolg.

»Ich meditiere jetzt über die Allgegenwart und immerwährende Aktivität Gottes. Ich weiß, daß Gottes unendliche Weisheit zu jeder Zeit und an jedem Punkt des Universums tätig ist. Ich weiß, daß ich an der unendlichen Weisheit Gottes teilhabe. Ich glaube und bekräftige, daß mir Göttliches innewohnt, nämlich Geist von seinem Geist. Ich weiß, daß mein Tun von dieser göttlichen Gegenwart in meiner Mitte gesteuert wird. Meine Motive sind gottgefällig und ehrlich. Ich bringe Gottes Weisheit, Wahrheit und Schönheit ständig zum Ausdruck. Der Allwissende in meiner Mitte weiß, was zu tun ist und wann es zu tun ist.

Ich werde in meinem Geschäft oder Beruf vollkommen von der Weisheit und Liebe Gottes geleitet und gelenkt. Göttliche Führung ist mir beschieden. Ich kenne die Antwort Gottes, denn in mir ist Frieden.«

Zusammenfassung

1. Überall auf der Erde ersehnen die Menschen Wachstum. Ein gottgegebenes Verlangen drängt sie, sich zu entwickeln, an die Grenzen der Sinnenwelt zu stoßen und sie zu überwinden. Zapfen Sie die unermeßliche Schatzkammer in Ihrem Inneren an, um somit Zugang zu den Reichtümern dieser Welt zu finden.

2. Wachstum bedeutet Vermehrung des Guten auf allen Ebenen und in jeder Hinsicht – für Sie und alle anderen Menschen, mit denen Sie zu tun haben.

3. Reden Sie nicht von der Armut oder Krankheit anderer Menschen – unweigerlich werden diese Zustände in Ihr eigenes Leben Einzug finden. Bekräftigen Sie vielmehr zutiefst überzeugt, daß Gott Sie und alle anderen Menschen in jeder nur erdenklichen Weise wachsen läßt. Denken Sie auch nicht mehr an finanzielle Schwierigkeiten. Richten Sie vielmehr Ihre Aufmerksamkeit auf die inneren und äußeren Reichtümer, die Sie in gottgewollter Fülle umgeben.

4. Freuen Sie sich aufrichtig über das Gück, die Erfolge und die Reichtümer der Menschen in Ihrer Umgebung. Seien Sie glücklich, wenn Sie erleben, daß andere Menschen die Reichtümer Gottes sichtbar zum Ausdruck bringen, denn damit ziehen Sie für sich selbst Reichtümer aller Art an. Ihr Denken ist schöpferisch, und was Sie über andere denken, bringen Sie in Ihrem eigenen Leben zur Geltung.

5. Seien Sie sich darüber klar, daß alles – auch Ihr Geld – aus dem unendlichen Geist kommt. Ein wohlhabender Ladenbesitzer in Alaska, der sieben Jahre zuvor nur einen einzigen Silberdollar besaß, bekräftigte zutiefst überzeugt: »Gott verfielfachte, was ich habe, über die Maßen, denn Gott ist es, der wachsen läßt und alles vermehrt.« Sein Unterbewußtsein öffnete ihm bald alle Türen zu einem ansehnlichen Vermögen.

6. Geben Sie an Ihrer jetzigen Wirkungsstätte Ihr Bestes, und

Sie werden auch das Beste erhalten. Seien sie rücksichtsvoll, liebenswürdig, freundlich und gütig zu anderen. Ihre Mitmenschen werden die von Ihnen ausstrahlenden Harmonien spüren, und die Anziehung wird Ihnen neue Möglichkeiten erschließen.

7. Konzentrieren Sie Ihr Denken auf das, was Sie sein, was Sie tun oder haben möchten. Seien Sie überzeugt, daß die Weisheit Ihres Unterbewußtseins Sie unterstützen wird. Halten Sie beharrlich an Ihren bildhaften Vorstellungen fest, dann wird Ihr Unterbewußtsein sie entwickeln und in Ihrem Leben sichtbar machen.

8. Ein Schreibwarenhändler betete um Erfolg, Fülle und Wohlstand. Es stellte sich jedoch heraus, daß er äußeren Umständen die Schuld an seiner finanziellen Misere gab. Nachdem er jedoch die Gabe des universellen Geistes erkannt, die Inhalte seines Denkens geändert und tief überzeugt die unendliche Kraft in seinem Inneren geweckt hatte, nahm sein Geschäft einen erfreulichen Aufschwung.

9. Es kann ohne weiteres folgendes vorkommen: Sie möchten eine Reise machen, besitzen aber nicht die hierfür nötigen finanziellen Mittel. Sie sollten deshalb nicht von Ihrem Plan abrücken, sondern bekräftigen: »Gott öffnet mir den Weg in göttlicher Fügung kraft göttlicher Liebe.« Darüber hinaus sollten Sie sich den Ort, an den Ihre Reise führen soll, intensiv bildhaft vorstellen. So prägt sich Ihr Vorstellungsbild Ihrem Unterbewußtsein ein und dieses wird sich Ihres Wunsches annehmen. *Bittet, so wird euch gegeben.* (Matthäus 7,7).

10. Die angegebene wirksame Meditationsübung hilft Ihnen auf dem Weg zu größerem beruflichem oder geschäftlichem Erfolg.

KAPITEL 9

Unendliche Kraft für die Harmonisierung Ihrer Beziehungen zu Mitmenschen

Dieses Kapitel habe ich auf der schönen Insel Maui geschrieben, die zur Inselkette des amerikanischen Bundesstaates Hawaii gehört. Die Menschen dort sagen: »Man hat nicht gelebt, bevor man Hawaii nicht gesehen hat.« Einer der größten Anziehungspunkte auf Maui ist der über dreitausend Meter hohe erloschene Vulkan Haleakala, was »Haus der Sonne« bedeutet. Er bietet einen atemberaubenden Anblick. Und zu seinen Füßen spielt sich das ruhige Leben der Eingeborenen ab. Die Hawaii-Insulaner bearbeiten ihre kleinen Taro-Felder immer noch nach Art ihrer Vorfahren, der Fisch ist immer noch ihre Hauptnahrung.

Auf den Hawaii-Inseln begegnet man Menschen vieler Volksgruppen und unterschiedlicher religiöser Überzeugungen. Aber alle leben friedlich zusammen und genießen die Sonne der gesegneten Insel. Der Eingeborene, der mich vom Flugplatz ins Hotel fuhr, erzählte mir, seine Vorfahren seien Iren, Portugiesen, Deutsche, Japaner und Chinesen gewesen; seit vielen Generationen hätten Angehörige verschiedener Völker geheiratet, und Rassenprobleme seien unbekannt.

Wie man mit anderen zurechtkommt

Einer der Hauptgründe, warum viele Menschen im Leben nicht vorankommen, liegt darin, daß sie mit ihren Mitmenschen nicht zurechtkommen. Sie scheinen andere fast zwangsläufig zu verärgern oder vor den Kopf zu stoßen. Oft ist ihre Haltung großspurig, taktlos und kränkend.

Der beste Weg zu einer harmonischen Beziehung mit anderen Menschen besteht darin, das Göttliche in ihnen zu preisen und sich klarzumachen, daß jeder Mann und jede Frau ein Inbegriff oder Beispiel der gesamten Menschenrasse ist. Jeder Mensch, der auf Erden wandelt, ist ein Kind des lebendigen Gottes; und wenn wir das Göttliche in uns selbst achten und ehren, werden wir automatisch auch die göttliche Gegenwart in anderen Menschen achten und ehren.

Ein Kellner brachte sich selbst voran

In einem Hotel an der Koanapali-Bucht auf der Insel Maui führte ich ein höchst aufschlußreiches Gespräch mit einem Kellner. Er erzählte mir, daß seit Jahren ein exzentrischer amerikanischer Millionär die Insel besuchte, ein gräßlicher Mensch, der keinem Ober oder Pagen Trinkgeld geben mochte. Nicht nur geizig war dieser Gast, sondern dazu griesgrämig, grob und ungehobelt. Nichts stellte ihn zufrieden, ständig beschwerte er sich über das Essen und den Service, und er fauchte jeden Kellner an, der ihn bediente. »Ich erkannte«, sagte der Kellner zu mir, »daß der Mann krank war. Unser Kahuna (hawaiischer Eingeborenenpriester) behauptete, wenn ein Mensch so sei, fresse ihn innerlich etwas auf. Ich beschloß darum, ihn durch Freundlichkeit zu besiegen.«

Der Kellner behandelte den Mann stets mit ausgesuchter Höflichkeit, freundlich und respektvoll. Dabei dachte er: »Gott liebt ihn. Ich sehe das Göttliche in ihm, und er sieht das Göttliche in mir.«

Diese Technik wandte er etwa einen Monat an. Eines schönen Tages dann begrüßte ihn der exzentrische Millionär: »Guten Morgen, Toni! Wie ist das Wetter? Sie sind der beste Kellner, der mich je bedient hat.«

Toni gestand mir: »Ich wäre fast in Ohnmacht gefallen. Da hatte ich einen Anschnauzer erwartet und statt dessen ein Kom-

pliment geerntet. Er gab mir einen Fünfhundertdollarschein.«
Dies war das Abschiedsgeschenk des schwierigen Gastes, der es
außerdem einrichtete, daß Toni demnächst stellvertretender Ge-
schäftsführer eines großen Hotels in Honolulu wird, an welchem
der Millionär finanziell beteiligt ist.

... und ein Wort zu seiner Zeit ist sehr lieblich (Sprüche 15,23).
Ein Wort ist ein ausgedrückter Gedanke. Die Worte (Gedanken)
dieses Kellners waren alle an die Seele (das Unterbewußtsein)
des launischen, zänkischen Gastes gerichtet gewesen, sie hatten
das Eis in seinem Herzen zum Schmelzen gebracht, und er hatte
mit Freundlichkeit reagiert. Toni bewies, daß man, wenn man
im anderen Menschen die Gegenwart Gottes sieht, in einer zwischenmenschlichen Beziehung auch reichen materiellen Lohn
ernten kann.

Alles verstehen heißt alles verzeihen

Dieses alte aphoristische Wort enthält eine tiefe Wahrheit. In
einem der Hotels hier auf Maui unterhielt ich mich darüber mit
einer jungen Dame, die Unterhaltungen und Ausflüge für die
Gäste arrangiert. Sie erzählte mir, wenn sie sage: »Ein wunderbarer Tag heute«, erwidere der so angesprochene Gast manchmal:
»Was nützt mir das schon? Ich verabscheue das Wetter hier, mir
gefällt hier überhaupt nichts.« In einem solchen Fall wisse sie
sofort, daß der Gast emotional gestört sei, daß ihn irrationale,
vernunftwidrige Gefühle quälten.

Sie hatte in Honolulu Psychologie studiert und erinnerte sich
noch genau an die Ausführungen eines bestimmten Professors.
Dieser hatte erklärt, gegenüber einem Menschen mit sichtbarem
körperlichen Gebrechen, beispielsweise einem Buckel, reagiere
niemand ungehalten oder ärgerlich, und genauso dürfe man sich
nicht reizen oder ärgern lassen, wenn Menschen seelische Gebrechen oder eine gestörte, verdrehte Denkweise hätten. Man solle
vielmehr Mitleid mit ihnen haben. Sei man sich ihres chaotischen
Gemütszustands bewußt, könne man diesen leicht übersehen
und ihnen verzeihen.

Die junge Dame ist anmutig, charmant, freundlich und liebenswürdig; scheinbar vermag nichts sie aus der Ruhe zu bringen. Sie hat sich eine Art privilegierte Immunität geschaffen und weiß, daß einzig sie selbst sich wehtun kann. Das heißt, sie besitzt – wie jeder Mensch – die Freiheit, andere Menschen zu segnen oder sich über andere Menschen zu ärgern, und sie hat sich zu ersterem entschlossen. Ihr ist klar, daß man sich nur durch die Richtung des eigenen Denkens verletzt und daß dieses Denken vollkommen ihrer eigenen Kontrolle unterliegt.

Das Unterbewußtsein eines Musikers wirkte Wunder für ihn

Ein junger Musiker, der abends Baßgeige in einer Hotelband spielt, um sein Studium an der Hawaii-Universität zu finanzieren, gestand mir, daß er eine Auseinandersetzung mit einem Professor gehabt habe und daß ihn seither bei mündlichen sowie schriftlichen Prüfungen sein Gedächtnis im Stich lasse. Er war voller Groll und wirkte sehr verkrampft.

Ich erklärte ihm, sein Unterbewußtsein habe ein perfektes Gedächtnis für alles, was er lese und höre, doch wenn sein Bewußtsein übermäßig angespannt sei, könne die Weisheit des Unterbewußtseins nicht an die Oberfläche steigen und nicht in sein Bewußtsein gelangen.

Auf meine Empfehlung betete er fortan jeden Morgen und Abend: »Die unendliche Weisheit, die meinem Unterbewußtsein innewohnt, enthüllt mir alles, was ich wissen muß, und ich werde in meinem Studium göttlich geführt. Ich strahle gegenüber meinen Professoren Liebe und Freundlichkeit aus und habe meinen Frieden mit ihnen gemacht. Ich bestehe alle Prüfungen in göttlicher Fügung.«

Nach drei Wochen bekam ich von ihm einen Brief, worin er schrieb, daß er sein wichtigstes Examen glänzend bestanden und jetzt ein ausgezeichnetes Verhältnis zu seinen Professoren habe.

Ihm war es gelungen, durch Wiederholung des Gebets, das ich ihm genannt hatte, die Vorstellung von einem perfekten Gedächtnis in sein Unterbewußtsein zu senken. Die Liebe und

Freundlichkeit, die er nun ausstrahlte, war von seinen Professoren unterbewußt empfangen worden und hatte zu harmonischen Beziehungen geführt.

Ein Arzt heilte sich von krankmachendem Ärger

Der mehr als dreitausend Meter hohe Haleakala ist der erkaltete, kegelförmige Überrest eines einst feuerspeienden, todbringenden Vulkans. Ich fuhr mit einer Gruppe Menschen dorthin, die aus so verschiedenen Gegenden wie Pittsburgh, Tokio, Stockholm und Australien kamen. Während der Fahrt saß ich neben einem australischen Arzt und seiner Frau. Der Arzt erzählte, in seinem Leben habe es Ausbrüche mit ähnlich verheerenden Folgen wie bei den Eruptionen des Berges hier gegeben, weil er die Gewohnheit gehabt habe, seine Mitmenschen zu hart zu beurteilen.

Er war oft vor Wut über das explodiert, was die Journalisten in den Zeitungen veröffentlichten. An Parlamentsabgeordnete, Gewerkschaftsbosse und andere bedeutende Männer hatte er immer wieder giftige, beleidigende Briefe geschrieben. Sein inneres Brodeln hatte zu drei körperlichen »Eruptionen« in Form zweier schwerer Herzattacken und eines leichten Schlaganfalls geführt. Er hatte sich jedesmal wieder erholt, und schließlich war ihm klargeworden, daß er die Anfälle selbst über sich gebracht hatte. Im Krankenhaus hatte ihm eine Schwester gesagt, er solle Psalm 91 lesen, dieser sei die wichtigste Medizin, die er brauche. Der Arzt hatte es tatsächlich getan, und der Sinn des Psalms war mit der Zeit in seine Seele (sein Unterbewußtsein) gesunken.

Inzwischen hat er, wie er sagte, längst gelernt, sich auf andere Menschen einzustellen. Er hat erkannt, daß unsere Welt eine Welt unterschiedlich konditionierter, unvollkommener Menschen ist, die göttliche Vollkommenheit nur anstreben können. Er hat gelernt, dem Göttlichen in seinem Inneren treu zu sein und das Göttliche in anderen Menschen zu achten. Er weiß nun: Alles verstehen heißt, alles verzeihen.

Die Medizin für einen Mann, der Gott grollte

An einem schönen Morgen ging ich von meinem Hotel auf Maui mit einem Mann zum Meer, um zu schwimmen. Der Mann brummte: »Ich bin hier, um allem zu entrinnen.« Er kritisierte die Leute in seiner Firma, dann schimpfte er auf die Regierung. Sogar gegen Gott schien er Groll zu empfinden. Er sagte doch tatsächlich, nach seinem Gefühl käme er besser durchs Leben, wenn Gott ihn nur in Ruhe ließe. Schließlich fragte er: »Was kann ich tun, um meine Beziehungen zu diesen bösartigen Leuten zu verbessern und mit ihnen auszukommen?«

Ich antwortete, wie die Wissenschaft bewiesen habe, seien Schwierigkeiten in zwischenmenschlichen Beziehungen oft darauf zurückzuführen, daß der Mensch, der mit solchen Problemen kämpfte, sich strikt weigere, die Ursache bei sich selbst zu suchen. Der erste Schritt bestehe darin, mit dem eigenen schwierigen Ich fertig zu werden. Ich machte dem Mann klar, daß seine Probleme mit Kollegen und Angestellten in ihm selbst wurzelten und die anderen Menschen bestenfalls als zweitrangige Ursachen bezeichnet werden könnten.

Er gab zu, voller versteckter Wut und Feindseligkeit zu sein und in Hinblick auf seine ehrgeizigen Pläne für sein Leben tiefe Enttäuschung zu empfinden. Nach meinen Erklärungen sah er ein, daß seine unterdrückte Wut bei den Menschen seiner Umgebung latente Feindseligkeit gegen ihn erzeugen mußte. Ihm wurde bewußt, daß sich in dem, was er als Feindseligkeit und Haß seiner Kollegen und Angestellten bezeichnete, im Grunde nur seine eigene Enttäuschung und Feindseligkeit spiegelte.

Ich schrieb ihm ein geistiges Rezept auf, das er regelmäßig und systematisch anwenden sollte:

»Es gibt ein Gesetz von Ursache und Wirkung, das weiß ich. Und die Stimmung, die ich erzeuge, die Einstellung, die ich habe, wird mir in den Reaktionen meiner Mitmenschen zurückgegeben. Mir ist klar, daß meine innere Aufgewühltheit und Wut bei Menschen und auch bei Tieren Zorn und Bösartigkeit auslösen. Ich weiß, daß alles, was ich erlebe, ein bewußtes oder unbewußtes geistges Pendant haben muß. Wie ich denke und fühle, so bin ich, so drücke ich mich aus, so benehme ich mich, so sind meine Erfahrungen.

Ich verabreiche mir diese geistig-seelische Medizin viele Male jeden Tag. Ich denke, spreche und handle jetzt vom göttlichen Mittelpunkt in meinem Inneren aus. Für alle Menschen meiner Umgebung und anderswo empfinde ich Liebe und Freundlichkeit. Das Unendliche ruht lächelnd in mir. Friede ist die Kraft Gottes, und Gottes Friedensstrom überflutet meinen Geist, mein Herz, mein ganzes Wesen. Ich bin eins mit dem unendlichen Frieden Gottes. Mein Geist ist Geist vom Geist Gottes.

Ich erkenne und weiß, daß kein Mensch, kein Umstand und keine Tatsache der Welt die Macht hat, mich ohne meine geistige Einwilligung zu reizen, zu ärgern oder zu beunruhigen. Mein Denken ist schöpferisch; ganz bewußt und wissentlich weise ich alle negativen Gedanken, alle negativen Suggestionen von mir. Ich bekräftige, daß Gott mich führt und über mich wacht. Ich weiß, daß Gott mein eigentlicher Arbeitgeber ist und ich für ihn arbeite.

Mein wahres Ich ist göttlich, und dieses Ich kann nicht verletzt, behindert oder beeinträchtigt werden. Mir ist klar, daß ich mich selber durch meine Selbstverurteilung und Selbstverunglimpfung verletzt habe. Ich strahle gegenüber allen Menschen Liebe und Freude aus, und ich weiß, daß Güte, Wahrheit und Schönheit mir während aller Tage meines Lebens auf dem Fuße folgen werden, denn ich lebe ewiglich im Hause des Herrn.«

Drei Wochen verstrichen, dann erhielt ich von dem Mann einen Brief. Er schrieb, daß er durch Anwendung dieser geistig-seelischen Medizin seinen chaotischen, »siedenden« Gemütszustand durch Heiterkeit, Ruhe und Gelassenheit ersetzt habe.

Eine segensreiche philosophische Haltung gegenüber anderen

Ein japanischer Geschäftsmann, dem ich auf Hawaii begegnete, hatte seine eigene Privatphilosophie. Er erläuterte sie mir: »Seit fünfzig Jahren stehe ich nun im Geschäftsleben, und ich bin viel gereist. Ich habe die Erfahrung gemacht, daß die Menschen im Grunde anständig und ehrlich sind. Sie unterscheiden sich sehr voneinander, haben eine sehr unterschiedliche Ausbildung durchlaufen, wurden unterschiedlich konditioniert und sind das Produkt ihrer Erziehung, Schulung und Denkgewohnheiten. Außerdem haben sie unterschiedliche Bräuche und religiöse Überzeugungen. Ich nehme die Menschen, wie sie sind. Weil ich weiß, daß man Kunden nicht ändert, wenn man böse auf sie ist, lasse ich mich von ihnen nicht aus der Ruhe bringen. Ich lehne es strikt ab, mich von jemandem ärgern zu lassen. Ich wünsche allen Gutes und gehe meines Weges.«

Der Japaner zeigte mir eine Liste mit den Namen von zehn Kunden, die ihm hohe Geldbeträge schuldeten und auf seine mehrmalige Mahnung nicht reagiert hatten. Er sagte: »Ich bete morgens und abends für sie alle darum, daß Gott sie in jeder Weise vorankommen läßt und das Gute für sie multipliziert. Ich bete darum, daß jeder seine Rechnungen bereitwillig bezahlt, daß sie alle ehrlich, aufrichtig und in jeder Weise begünstigt sind. Vor zwei Monaten habe ich damit angefangen. Inzwischen haben acht bezahlt und sich wegen der Verzögerung entschuldigt. Nur zwei sind noch übrig, aber ich weiß, daß auch sie bezahlen werden.«

Dieser Geschäftsmann hatte herausgefunden, daß seine säumigen Kunden, wenn er seine Einstellung zu ihnen änderte, sich ebenfalls änderten.

Der Schlüssel zu guten zwischenmenschlichen Beziehungen

Behandeln Sie die Menschen mit Achtung. Ehren und grüßen Sie das Göttliche in ihnen. Strahlen Sie gegenüber allen Mitmenschen Liebe und Freundlichkeit aus. Machen Sie sich klar, daß niemand, der gut angepaßt ist, in einer feindseligen, gehässigen, zänkischen oder mürrischen Weise reagiert. Wer es tut, der leidet an irgendeinem geistigen oder seelischen Konflikt. Wie der Kahuna sagte: »Etwas frißt ihn innerlich auf.« Seelischer Schmerz quält einen solchen Menschen, seien Sie sich dessen bewußt.

Ihr wahres Ich ist göttlicher Natur. Es kann in keiner Weise verletzt, behindert oder belästigt werden. Wenn Sie einen Mitmenschen als schwierig empfinden, geben Sie ihn Gott anheim, erklären Sie, daß Sie Freiheit in Gott besitzen und vertrauen Sie diesen Menschen Gottes Obhut an. Dann werden Sie auf einer grünen Aue und am frischen Wasser sein.

Zusammenfassung

1. Einer der Hauptgründe, warum Menschen es im täglichen Leben zu nichts bringen, liegt in ihrer Unfähigkeit, mit anderen auszukommen.

2. Machen Sie sich klar, daß jeder Mensch als Kind Gottes auf Erden wandelt. Wenn Sie das Göttliche in sich ehren und achten, werden Sie automatisch auch die Gottesgegenwart im Mitmenschen ehren.

3. Ein Kellner, der einen launischen, ungehobelten und nie zufriedenen Gast bedienen mußte, behandelte diesen voll Freundlichkeit, Höflichkeit und Achtung, weil er erkannt hatte, daß der Mann gemütskrank war. Wenn er dem Mann gegenübertrat, bekräftigte er stets: »Gott liebt ihn.« Die Haltung des Kellners schmolz das Eis im Herzen dieses Gastes und trug dem Kellner reichen ideellen und auch materiellen Lohn ein.

4. Alles verstehen heißt, alles verzeihen. Wenn Sie die Ursache der inneren Zerrissenheit eines anderen Menschen verstehen, werden Sie mehr Mitleid und Verständnis für ihn aufbringen. Sie wissen, daß der andere so handelt, wie er handelt, weil er entsprechend erzogen und konditioniert worden ist.

5. Machen Sie sich klar, daß niemand Ihre Gefühle verletzen oder Sie reizen und ärgern kann, es sei denn über den Weg Ihres eigenen Denkens. Doch dieses unterliegt völlig Ihrer Kontrolle.

6. Reibungen, innerer Aufruhr und Zorn wirken sich nachteilig auf Ihre Studien und Ihr Gedächtnis aus, weil die Weisheit des tieferen Geistes nicht an die Oberfläche des Bewußtseins steigt, wenn Sie angespannt und feindselig sind. Gießen Sie Liebe und Freundlichkeit über andere aus, bis Sie, wenn Sie ihnen im Geiste begegnen, vollkommenen Frieden empfinden.

7. Große Verärgerung und Wut können Herzanfälle und andere schwerwiegende Leiden verursachen. Lesen Sie, um solche

schädlichen Gefühle zu neutralisieren, Psalm 91. Meditieren Sie über die darin enthaltenen Wahrheiten und lassen Sie diese in Ihr Unterbewußtsein sinken. Damit verbannen Sie jedwede Feindseligkeit und unterdrückte Wut. Bleiben Sie den Wahrheiten Gottes in Ihrem Inneren treu, und Sie werden in Freude leben.

8. Der erste Schritt zur Herstellung guter Beziehungen mit anderen Menschen besteht darin, in sich zu gehen und sich zu fragen: Wäre es möglich, daß die Ablehnung und Feindschaft, mit der mir andere begegnen, weitgehend meine eigene Enttäuschung und Feindseligkeit widerspiegeln? Ändern Sie sich, dann ändern sich auch Ihre Beziehungen zu Ihren Mitmenschen.

9. Es gibt ein Gesetz von Ursache und Wirkung, das immer und überall funktioniert. Die Stimmung, die Sie erzeugen, die Einstellung, die Sie haben, erhalten Sie in den Reaktionen der Menschen zurück.

10. Lernen Sie, die Menschen so zu nehmen, wie sie sind, und versuchen Sie nicht, andere zu ändern. Die Menschen handeln entsprechend ihrer Erziehung, Konditionierung und ihren Denkgewohnheiten. Segnen Sie die anderen und kümmern Sie sich um Ihre eigenen Angelegenheiten.

11. Wenn Ihnen andere Menschen Geld schulden, sollten Sie um das Wohlergehen, den Erfolg und das Glück dieser Menschen beten. Sagen Sie sich, daß jeder einzelne von ihnen ehrlich und aufrichtig ist und seine Schulden in göttlicher Fügung bezahlen wird.

12. Der Schlüssel zu harmonischen Beziehungen mit anderen Menschen liegt in einer gesunden, aufrichtigen Achtung für das Göttliche in Ihnen selbst und in Ihren Mitmenschen.

13. Ist ein Mensch sehr wenig umgänglich, sollten Sie ihn vollkommen Gott anvertrauen und erklären, daß Sie frei sind in Gott. Das Unangenehme und Unerfreuliche wird dann aus Ihren Erfahrungen mit diesen Menschen verschwinden. *Was du wirst vornehmen, wird er dir lassen gelingen...* (Hiob 22,28).

KAPITEL 10

Die wunderbare Quelle der Heilung

Berichte über seelische und körperliche Krankheiten des Menschen, wie sie in großer Zahl in der Bibel geschildert werden, gab es seit undenklichen Zeiten und gibt es heute noch. Fast in jedem Krankenhaus können Sie dieselben Leiden und Krankheitssymptome sehen. Natürlich haben diese schon in der Bibel beschriebenen Krankheiten heute wissenschaftliche Namen, die der medizinischen Terminologie entstammen.

Über die Grundlage jeder Heilung

Jede Heilung erfolgt gemäß dem Glauben des einzelnen. Das Unterbewußtsein ist die schöpferische Fähigkeit in uns und macht sichtbar, was das Bewußtsein ihm einprägt; das Bewußtdenken prägt ihm seine Gedanken ein; die Gedanken sind Äußerungen des Glaubens; was also dem Unterbewußtsein eingeprägt wird, macht sich gemäß unserem Glauben in unserem Leben geltend. Die weitverbreitete Überzeugung, daß Krankheit als eine sekundäre Ursache nur ein Zustand, eine primäre Ursache sei, ist falsch.

Sie änderte ihren Glauben und verließ den Rollstuhl

Vor einigen Tagen führte ich ein interessantes Gespräch mit einem Taxifahrer. Er erzählte mir, seine Mutter habe die Angewohnheit gehabt zu sagen: »Ich denke, irgendwann werde ich

Arthritis bekommen und dann verkrüppelt sein wie meine Mutter und meine Großmutter.« Als Junge hatte er sich nichts dabei gedacht, bis dann der Tag kam, da die Arthritis seine Mutter tatsächlich zum Krüppel machte, so daß sie ins Krankenhaus mußte.

Er brachte ihr ein Exemplar meines Buches *Die Macht des Unterbewußtseins* (Ariston Verlag) und bat sie: »Mutter, lies das.« Sie tat es und bat ihn: »Ich möchte, daß du für mich betest.« Der behandelnde Arzt hatte dem jungen Mann eröffnet, seine Mutter müsse für den Rest ihres Lebens einen Rollstuhl benutzen.

Nach der Lektüre des Buches und den aufbauenden Suggestionen ihres Sohnes erkannte die Frau jedoch, was ihre Arthritis verursacht hatte – ihr Unterbewußtsein. Da es unpersönlich ist und geradezu autonom verwirklicht, was ihm eingeprägt wird, hatte es ihre ständig wiederholte negative Behauptung akzeptiert: »Ich denke, ich werde Arthritis bekommen wie meine Mutter und meine Großmutter.« Tatsächlich hatte sie, wie ihr nun klar wurde, die Krankheit selbst über sich gebracht; denn das Unterbewußtsein versteht uns wörtlich.

Die Frau sah ein, daß sie ihr Denken völlig ändern mußte; deshalb wiederholte sie mehrmals am Tag bestimmte Wahrheiten, die ihr Unterbewußtsein akzeptieren würde. Ich schrieb ihr folgendes Gebet auf: »Der lebendige Geist in mir ist die unendliche Heilgegenwärtigkeit. Ich impfe nun meinem Unterbewußtsein die Vorstellung von Unversehrtheit, Vitalität und vollkommener Gesundheit ein. Göttliche Liebe durchströmt mich und löst alles auf, was ihr nicht gleicht. Göttlicher Friede erfüllt meine Seele. Kosmische Energie aus der Quelle der unendlichen Heilgegenwärtigkeit durchdringt mich und dringt hinab in die größten Tiefen meines Unterbewußtseins. Ich weiß, daß ich jedesmal, wenn ich dieses Gebet spreche, mein Unterbewußtsein in diesem neuen Glauben bestärke, bis ich wieder unbehindert und voller Freude gehen kann.«

Ihr Sohn betete in ähnlicher Weise für sie. Aus dem Krankenhaus kam sie zwar noch im Rollstuhl nach Hause, doch innerhalb eines Monats genas sie völlig.

Wir wandeln im Glauben, nicht im Schauen

Vor einigen Monaten konnte ich persönlich beobachten, welche wunderbaren Ergebnisse eine Mutter erzielte, die an die Gegenwärtigkeit der unendlichen Heilkraft in ihrem Unterbewußtsein glaubte. Sie brachte ihren fünfjährigen Sohn zu mir. Er erschien mir als prächtiger, gesunder Junge; doch die Mutter sagte, er leide an schweren Asthma-Anfällen und die Medizin, die er einnehme, vermöge die Anfälle nicht immer zu verhindern. Der Vater des Jungen war kurz nach dessen Geburt gestorben, und die Anfälle hatten etwa sechs Monate vor dem Besuch bei mir begonnen.

Ich sagte der Frau, ihr Sohn könne gesund werden. Der hl. Augustinus hatte gefragt, wozu der Glaube diene, wenn nicht dazu, das zu glauben, was man nicht sehe. Die Frau machte es sich nun zur Aufgabe, ihren Glauben an die Quelle kosmischer Energie zu demonstrieren. Sie besaß wunderbares Wissen über die seelisch-geistigen Gesetze und erklärte mir: »Ich weiß, daß sich, obwohl das Zeugnis meiner Sinne es abstreitet, mein gläubiges Gebet, sofern ich es in den Sinnen bewahre, in meinem Unterbewußtsein ablagern und sich verwirklichen wird.«

Drei- oder viermal am Tag wurde sie ganz still und stellte sich im Geist ihren Sohn vor, sie sah ihn zu ihr treten und hörte ihn sprechen: »Mama, Gott hat mich geheilt. Es geht mir prima.« Sie hielt beharrlich an diesem Bild fest, und nach einem Monat war der Junge völlig frei von den krampfartigen Asthma-Anfällen.

Ihr Lieblingszitat lautet: *Denn wir wandeln im Glauben und nicht im Schauen* (2. Korinther 5,7). Sie schulte ihren Geist und wußte, daß ihr konstruktives Denkbild, das sie sich in Form eines unsichtbaren Modells in ihrem Geist geschaffen hatte, sich vergegenständlichen und verwirklichen würde.

Die Technik der Fernheilung

Kosmische Energie ist Ausfluß jenes Lebensprinzips, das alle
Menschen beseelt. Wenn beispielsweise Ihr Bruder im Ausland
ist und Sie für ihn beten wollen, müssen Sie daran denken, daß
es zwischen Persönlichkeiten keine feste Demarkationslinie gibt,
denn subjektiv sind wir alle eins. Wenn Sie an Ihren Liebsten
denken, dann gibt es in Ihrem Unterbewußtsein weder Zeit noch
Raum; deshalb empfängt er Ihre Gedanken der Unversehrtheit,
Schönheit, Vitalität und Liebe, und diese Dinge werden in ihm
zum Leben erweckt.

Die Wirkung geht, indem Sie denken, von Ihrem Bewußtsein
aus, und die Übertragung zu Ihrem Liebsten oder Freund erfolgt
über sein Unterbewußtsein; seine Empfangsbereitschaft bezeichnet man als Rapport mit Ihnen. Der kosmische Energiespender
oder der Inbegriff des lebendigen Geistes – Gott – ist in seiner
Ganzheit überall gleichzeitig gegenwärtig. Wenn Sie die Technik
der Fernheilung anwenden, indem Sie für einen körperlich nicht
anwesenden Menschen beten, können Sie dem Unterbewußtsein
des Kranken Unversehrtheit und Vitalität verordnen, als wäre es
Ihr eigenes, und gemäß Ihrem Glauben und Ihrer Überzeugung
werden sich Ergebnisse einstellen.

Die Wunderheilung eines fieberkranken Kindes

Während der Arbeit an diesem Kapitel erhielt ich einen Anruf
aus Georgia. Die Anruferin sagte, ihr Kind liege im Sterben, die
verordneten Medikamente senkten das Fieber nicht; offenbar
gebe es keine Hoffnung mehr.

Ich erklärte ihr, das Kind (sechs Jahre alt) werde auf ihren
Glauben und ihr Vertrauen in die Gegenwärtigkeit der unendlichen Heilkraft Gottes in dem Kind reagieren. Ich riet der Mutter,
ihre Gedanken von der Betrachtung des Fiebers und der Symptome sowie von allem Körperlichen überhaupt abzuziehen und
dann in bewußter Formulierung mit lebhaftem Gefühl zu beten:

»Der Spender aller kosmischen Energie – der lebendige, allmächtige Gott – ist das Leben meines Kindes. Gottes Strom des Friedens durchdringt das ganze Wesen meiner Tochter, Gottes Liebe erfüllt ihre Seele. Die belebende, harmonische Macht Gottes wird jetzt in ihrer Seele und ihrem Körper offenbar. Die Vitalität wird jetzt in ihr wiedererweckt, und ich danke dafür.«

Sie wiederholte dieses Gebet etwa eine halbe Stunde lang unaufhörlich; denn sie wußte, daß das Unterbewußtsein ihres Kindes ganz durchdrungen würde von der Erkenntnis der ihm innewohnenden Heilkraft und daß die Gesundheit ihrer Tochter wiederhergestellt würde. Nach einer halben Stunde sank die Temperatur des Kindes auf den Normalwert, und der Arzt sagte zur Mutter: »Eine höhere Macht hat dies bewirkt.« Das kleine Mädchen verlangte nach seinem Hund und nach etwas zu essen.

Der Schwache spreche: Ich bin stark! (Joel 4,10).

Schritte bei der seelisch-geistigen Heilung

Der erste Schritt besteht darin, daß Sie es ab sofort ablehnen, Angst vor den sichtbaren Symptomen einer Krankheit zu haben. Der zweite Schritt muß zu der Erkenntnis führen, daß die Verfassung des Kranken nur eine Folge negativen Denkens ist, dem künftighin die Macht entzogen sein wird. Der dritte Schritt ist, die Heilkraft Gottes, den Strom kosmischer Energie in dem Kranken zu preisen.

Auf diese Weise hört die Produktion aller Toxine in Ihnen oder in der Person auf, für die Sie beten. Bezeichnen Sie die Verfassung des Kranken als falsch; heben Sie ihn in Ihrem Geist auf, sehen Sie ihn, wie er sein sollte – glücklich, heiter, frei. Leben Sie in der Verkörperung Ihres Wunsches, und das Wort wird Fleisch, d. h. Ihr Denken und Fühlen werden sich verwirklichen.

Wie ein Geistlicher die Heilkraft freisetzte

Vor einiger Zeit erzählte mir ein Geistlicher aus New York, er erziele durch die Benutzung meines Buches *Das Wunder Ihres Geistes* (Ariston Verlag) phantastische Ergebnisse.

Seine an Tuberkulose erkrankte Frau hatte nicht positiv auf die Behandlung und auf das Klima in Tucson, Arizona, angesprochen, wo sie den ganzen Sommer über gewesen war. Da hatte der Geistliche, ein Freund von mir, sich einen Absatz aus der Bibel ausgesucht: *Jesus aber hob seine Augen empor und sprach: Vater, ich danke dir, daß du mich erhöret hast. Doch ich weiß, daß du mich allezeit hörst...* (Johannes 11,41-42).

Drei- oder viermal am Tag hatte er abgeschaltet, seine Gedanken beruhigt und sich völlig entspannt. Dann hatte er sich vorgestellt, er spreche mit Gottes Heilgegenwärtigkeit in seinem Inneren; seine innere Rede lautete: »Ich danke dir, Vater, für die wunderbare Heilung meiner Frau.« Er hatte dies unaufhörlich wiederholt, bis er von tiefem Dankgefühl durchdrungen war.

Seine Frau hatte dieselbe Technik angewandt. Nach einem Monat waren das Sputum und alle anderen Untersuchungen negativ gewesen. Als die beiden ihren Geist und ihre Herzen zu der ihnen innewohnenden unendlichen Heilgegenwärtigkeit Gottes erhoben, setzten sie die Heilkraft frei. Ihre innere Rede stimmte mit ihrem Ziel überein.

Immer muß die innere Rede – das Selbstgespräch, das stumme Denken – mit Ihrem Lebensziel oder -wunsch übereinstimmen. Immer wird Ihre innere Ruhe äußerlich sichtbar werden, Ihr Wunsch sich verwirklichen.

Bei dem Ehepaar stimmte die innere Rede mit dem Wunsch nach Unversehrtheit, Gesundheit und Vollkommenheit überein. *Und ich, wenn ich erhöht werde von der Erde, so will ich sie alle zu mir ziehen.* (Johannes 12,32).

Der Schlüssel zu seelisch-geistiger Heilung

Die ideale Bewirkung der seelisch-geistigen Heilung ist es, alle Gedanken vollständig von den körperlichen Symptomen der Krankheit abzuziehen und an den Menschen, für den man betet, als rein geistiges Wesen zu denken; mit anderen Worten, ihn seinem geistigen Wesen und der ihm innewohnenden kosmischen Energie gleichzusetzen und dann zu sagen, daß das, was im Geistigen zutreffe, auch auf die Person zutreffe, der man zu helfen versucht.

Bei dieser Technik erkennen Sie an, daß der Geist aus der Quelle kosmischer Energie (Gott) allmächtig und völlig frei von Unterordnung unter irgendeinen Zustand oder eine Verfassung ist. Sie behaupten, der Patient bringe nun die Vitalität, Unversehrtheit und Macht zum Ausdruck, die Inbegriff des Geistes sind. Der Patient ist aufnahmebereit für Ihre Behauptungen der Wahrheit, er wird Ihre Gedanken von Psyche zu Psyche empfangen, und sein Unterbewußtsein wird mit dem aufbauenden Gedankeninhalt des Heilens angefüllt. Unversehrtheit, Vitalität und Kraft werden wiedererweckt, Gesundheit tritt an die Stelle der Krankheit.

Seine Umkehr an der Schwelle des Todes

Eine Frau kam vor mehreren Monaten zu mir, weil ihr Mann an Delirium tremens litt. Sein Herz flatterte, und er halluzinierte. Die Ärzte sagten, sein Tod sei nur noch eine Frage von Tagen, wenn nicht Stunden. Sie bat mich, mit ihr ins Krankenhaus zu gehen; er verlange nach mir, weil er jeden Morgen meine Rundfunksendung gehört habe.

Der Mann stand unter Morphium, sprach aber trotzdem klar und logisch. Er war Alkoholiker und bekannte bei dem Gespräch am Krankenlager seine Verfehlungen, die er begangen hatte – eine stattliche Zahl, selbst regelrechter Verbrechen. Er sagte: »Ich bin am Ende. Ich muß sterben. Werde ich zur Hölle fahren?«

Er hatte altmodische religiöse Vorstellungen, obwohl er schon längst in keine Kirche mehr gegangen war.

Ich erklärte ihm, daß das höchste Lebensprinzip – Gott – nie verdammt; daß jedes Urteilen dem Menschen überlassen sei, womit unser Geist gemeint ist, und daß wir uns selbst verurteilen, selbst unsere Hölle (als Einengung, Fessel) und selbst unseren Himmel (als Frieden, Harmonie und Gesundheit) machen. Desweiteren erklärte ich ihm, er müsse sich jetzt selbst alle seine vergangenen Vergehen verzeihen und inbrünstig beschließen, sie nicht nochmals zu begehen; außerdem könne er sich nun mit mir zusammentun, und wir würden alle jene freigeben, gegen die er Groll und Haß hegte. Ich sagte ihm, oberflächliches Beten sei keine Lösung; nur eine wirkliche Änderung des Herzens vermöge die wunschgemäße Verwirklichung; er müsse aus tiefstem Inneren all jenen, die er gehaßt und verabscheut hatte, Gesundheit, Glück, Frieden und alle Wohltaten des Lebens wünschen.

Er nannte etwa zehn Personen. Wir begannen in gemeinsamem Gebet jedem einzelnen von ihnen Gottes Liebe, Frieden und Freude und alle Wohltaten des Lebens zuzudenken und fühlten den Strom kosmischer Energie. Plötzlich machte der Mann an der Schwelle des Todes einen strahlenden, glücklichen Eindruck. Der Grund war, daß er nun den tiefen inneren Glauben hatte, es gebe »dort oben«, wie er sagte, keine Macht, die ihn bestrafen werde.

Er spürte, daß er mit Gott und den Menschen versöhnt und ihm alles vergeben war. Er entspannte sich und war bereit für das, was er den »Himmel« nannte.

Der behandelnde Arzt und die Schwestern stellten eine bemerkenswerte physische Besserung fest, und die neue Prognose lautete, er werde am Leben bleiben. Nach ein paar Tagen war er völlig gesund. Dieser Mann ist jetzt voller Leben, Vitalität und schäumt über vor Begeisterung.

Die Tatsache, daß er sich selbst und den Mitmenschen vergeben hat, seine entspannte Haltung und seine Hingabe an Gott befreiten seine Seele und seinen Körper sofort von Schmerz, Angst, Schuld und Haß. Sein Körper reagierte in wunderbarer Weise auf diese neue Geisteshaltung. Sein inneres Gefühl der Freiheit und des Seelenfriedens setzte die Heilkraft des kosmischen Energiespenders frei, und er war ein neuer Mensch in Gott. Er hat an sich erfahren, daß Selbstverurteilung die Hölle ist und Selbstvergebung der Himmel – geistig-seelischer Frieden.

Der Lohn ist Heilung

Das Ihr Unterbewußtsein bestimmende Gesetz hat nichts zu tun mit Gut- oder Schlechtsein, mit Dogmen oder religiösen Überzeugungen. Dieses Gesetz ist unpersönlich. Gott sieht die Person nicht an. Die Sonne scheint auf die Ungerechten genauso wie auf die Gerechten. Der Regen fällt auf die Guten und die Schlechten. Das Gesetz Ihres Geistes enthält keinerlei Moral. Es ist immer unparteiisch, unpersönlich und neutral. Die Moral hängt von Ihrer Motivation und davon ab, wie Sie das Gesetz des Geistes sehen. Ihr Denken trägt seinen Lohn in sich. Ihre Idee, Ihr Wunsch, Plan oder Ziel sind gut oder schlecht, je nach der Natur des Wunsches oder Plans. Wählen Sie das Gute, und Gutes wird die Folge sein.

Sie können Ihren Wunsch verwirklichen, ohne auch nur einem Lebewesen auf dieser Erde ein Haar zu krümmen. Paulus sagt: *So ist nun die Liebe des Gesetzes Erfüllung* (Römer 13,10). Dies bedeutet, daß Sie, wenn Sie richtig denken, fühlen und handeln, das Gesetz konstruktiv anwenden und jedermann Wohlwollen entgegenbringen werden. Dieses Ausgreifen Ihres Herzens nach anderen wird dazu führen, daß Ihre Mitmenschen Ihnen gegenüber in ähnlicher Weise reagieren.

Heilung aufgrund eines zwingenden Mechanismus

In der Bibel heißt es, man müsse *nicht siebenmal, sondern siebzigmal siebenmal vergeben* (Matthäus 18,22). Dies ist bildlich gesprochen und bedeutet tausendmal am Tag, wenn nötig; es bedeutet, daß man von einem Geist immerwährenden Vergebens, was zugleich ein ständiges Geben bedeutet, erfüllt sein soll. Ihr Geist ist ein Prinzip, und wenn Sie das Prinzip richtig anwenden, ist in Ihrem Geist kein Platz für Groll, Schuld und Strafe. Wenn Sie beispielsweise die Prinzipien der Mathematik, Chemie oder Elektrizität unwissend oder in falscher Weise angewandt haben, würden Sie von dem Augenblick an nicht mehr verletzt oder Schädigungen erleiden, ab dem Sie nun anfingen, diese Prinzipien richtig zu benutzen. Ein neuer Anfang ist ein neues Ziel.

Gott verdammt oder bestraft nie. Tatsächlich bestrafen Sie sich selbst durch Mißbrauch des Gesetzes und durch negatives Denken. Die wunderbare Wahrheit, die Sie lernen müssen, lautet: Sie vergeben sich auf der Basis eines wirksamen Geistesgesetzes, eines wissenschaftlich erwiesenen Mechanismus, aufgrund dessen Ihr Unterbewußtsein automatisch seine Aktion Ihnen gegenüber umkehrt, wenn Sie richtig zu denken beginnen. Ob Sie ein Alkoholiker, Rauschgiftsüchtiger, Räuber, Dieb, Sadist oder Mörder sind, das Gesetz Ihres Unterbewußtseins hegt keinen Groll gegen Sie, verurteilt und bestraft Sie nicht und reagiert auch nicht mehr negativ, sobald Sie den ernsten Entschluß gefaßt haben, ein anderer Mensch zu werden und die Wahrheiten Gottes, die gestern, heute und immerdar dieselben sind, anzuwenden und zu leben.

Alle unsere Verfehlungen, Versäumnisse, Verbrechen, Feindseligkeiten und Haßgefühle werden ausgelöscht, wenn wir unsere Herzen ändern und bekennen, daß die Liebe und Harmonie Gottes unser Leben bestimmen. Wenn göttliche Liebe, göttliche Harmonie und göttlicher Friede Ihren Geist und Ihr Herz beherrschen, wird das Gesetz Ihres Unterbewußtseins, das zwingend ist, Sie zwingen, die Eigenschaften und Attribute Gottes sichtbar werden zu lassen; diese werden in Ihrem Leben ihren Niederschlag finden. Alle Ihre Wege werden Wege der Freude sein und zum Frieden führen.

Eines aber sage ich: Ich vergesse, was da hinten ist, und strecke mich zu dem, was da vorne ist, und jage – nach dem vorgestreckten Ziel... (Philipper 3,13-14).

Zusammenfassung

1. Auf der ganzen Erde beginnen Männer und Frauen verschiedenster Glaubensrichtungen und Wissenszweige zu erkennen, welch ungeheure therapeutische Ergebnisse sich durch Anwendung geistig-seelischer Gesetze erzielen lassen.

2. Jede Heilung erfolgt gemäß dem Glauben des einzelnen oder seines Behandlers. Das Unterbewußtsein ist das kreative Medium und der Heiler des Körpers. Was das Bewußtdenken dem Unterbewußten einprägt, wird das Unterbewußtsein gemäß unserem Glauben getreulich im Leben verwirklichen.

3. Die Mutter eines Taxifahrers las *Die Macht Ihres Unterbewußtseins* (Ariston Verlag) und erkannte, daß sie ständig gefürchtet und erwartet hatte, von Arthritis verkrüppelt zu werden, weil ihre Mutter und ihre Großmutter diese Krankheit gehabt hatten. Sie änderte ihre Einstellung und begann regelmäßig, systematisch und bewußt zu sich selbst zu sagen, kosmische Energie aus der Quelle der unendlichen Heilkraft durchströme sie als Harmonie, Vitalität und Unversehrtheit und sie werde gesund. Sie stellte sich auch sich selbst vor, wie sie ging und alle Dinge tat, als sei sie schon gesund und unversehrt. Außerdem betete ihr Sohn für sie, indem er sich immer wieder sagte, daß göttliche Liebe, göttlicher Frieden und göttliche Harmonie den Geist und das Herz seiner Mutter erfüllen. Ständig sah er ein geistiges Bild vor sich: seine lebende, vitale und vom Geist beseelte Mutter zu Hause. Sein Bild stimmte mit seinem Gebet überein, und das sogenannte Wunder geschah: die Frau geht jetzt ungehindert und lebt voller Freude.

4. Die kosmische Energie ist Ausfluß jenes Lebensprinzips, von dem alle Menschen beseelt werden. Wenn Sie für einen Freund oder Verwandten beten wollen, der Tausende Kilometer entfernt ist, müssen Sie daran denken, daß es im Geist weder Zeit noch Raum gibt. Geist ist allgegenwärtig, und wenn Sie Ihrem Freund helfen wollen, dann gehen Sie in

sich, betrachten Sie die Unversehrtheit, Schönheit, Vitalität, Intelligenz und Macht Gottes und sagen Sie sich, daß alles, was auf Gott zutrifft, auch auf Ihren Freund zutrifft. Tun Sie dies, bis Sie ruhig und entspannt sind und das Gefühl haben, im Augenblick nicht mehr tun zu können. Später, wenn Sie den Drang haben zu beten, wiederholen Sie den Gebetsvorgang, als sprächen Sie das Gebet zum erstenmal. Bei jedem Male dringen Sie tiefer in Ihr Unterbewußtsein und in das Ihres Freundes ein, und er wird die Verwirklichung dessen erfahren, was Sie fühlen und glauben.

5. Eine Mutter, deren Kind an Fieber zu sterben drohte und auf kein Medikament reagierte, zog alle ihre Gedanken von dem Fieber und der Krankheit des Kindes ab. Sie setzte sich zu dem Kind und betete voll Glauben und Vertrauen: »Gottes Strom des Friedens durchdringt das ganze Wesen meiner Tochter. Die belebende, heilende, harmonisierende Macht Gottes wird jetzt in ihrer Seele und ihrem Körper offenbar.« Etwa eine halbe Stunde betete sie so, dann sank die Temperatur des Kindes auf den Normalwert. Das Unterbewußtsein des Kindes war durchdrungen von den Wahrheiten, welche die Mutter bekräftigt hatte, und sofort stellten sich Ergebnisse ein.

6. Der erste Schritt bei der seelisch-geistigen Heilung besteht darin, keine Angst vor Krankheit oder deren Symptomen zu haben. Der zweite Schritt muß zu der Erkenntnis führen, daß die Verfassung des Kranken nur eine Folge negativen Denkens ist, dem künftighin kein Platz mehr eingeräumt wird. Der dritte Schritt ist, die Heilkraft Gottes, den Strom kosmischer Energie in dem Kranken, zu preisen. Diese Geisteshaltung führt zur Heilung.

7. Ein Geistlicher erwirkte die wunderbare Heilung seiner an Tuberkulose leidenden Frau, indem er über einen Bibelvers meditierte und ihn so lange wiederholte, bis sein Unterbewußtsein und das seiner Frau den Vers ganz aufgenommen hatten. Er wandte sich nach innen, als spreche er den unendlichen Geist an, und betete: *Vater, ich danke dir, daß du mich erhöret hast. Doch ich weiß, daß du mich allezeit hörst…*

(Johannes 11,41-42). Er fuhr fort, Gott für die wunderbare Heilung seiner Frau zu danken; denn er wußte, daß ein dankbares Herz immer Gott nahesteht. Die Tuberkulose heilte völlig aus.

8. Der Schlüssel zu seelisch-geistiger Heilung liegt darin, nicht an die körperlichen Symptome des Kranken zu denken, sondern nur an sein geistiges Wesen und die Gegenwärtigkeit Gottes im Inneren, und dann voll Überzeugung zu beten, daß der Inbegriff von Liebe, Harmonie, Unversehrtheit und Vitalität aus der Quelle kosmischer Energie die Person, für die Sie beten, belebt, stärkt, wiederherstellt und heilt. Sie müssen sich diese Person auch so vorstellen, wie sie sein sollte – glücklich, unversehrt, vital, völlig gesund. Ihr geistiges Bild muß immer mit Ihrem Gebet übereinstimmen, und gemäß Ihrem Glauben werden Sie Ergebnisse sehen.

9. Ein Alkoholiker war krank, fühlte sich schuldig und fürchtete den Tod. Als man ihm erklärte, daß er sich selbst seinen Himmel und seine Hölle schafft, lernte er das Gesetz des Verzeihens und erkannte, daß niemand ihn bestrafte außer er selbst und daß sein Groll und Haß ihn vergifteten, weil er alles, was er über andere dachte, in seinem eigenen Leben erzeugte. Er beschloß, sich selbst und den anderen zu vergeben, und er meinte es ernst. Liebe erfüllte seine Seele und Frieden seinen Geist. Er spürte, daß er ausgesöhnt und ihm alles vergeben war. Eine erstaunliche Heilung erfolgte, er konnte das Krankenhaus nach ein paar Tagen verlassen. Heute ist er ein anderer Mensch. Er hat erkannt, daß Selbstvergebung der Himmel ist, nämlich Frieden, und Selbstverurteilung die Hölle, nämlich Einengung und Fessel.

10. Das Gesetz der Vergebung ist ein wissenschaftlich erwiesener Mechanismus, Ihr Geist ist ein Prinzip, und wenn Sie beginnen, es richtig anzuwenden, erfolgt sofort eine automatische Reaktion Ihres Unterbewußtseins, die Ihrem Bewußtdenken entspricht. Deshalb entdeckten sogar Verbrecher, die den intensiven Wunsch hatten, neue Menschen in Gott zu werden, daß ihr Leben sich änderte. Durch oberflächliches Gebet ist dies freilich nicht zu erreichen, sondern nur, wenn eine

wirkliche innere Wandlung erfolgt. Ein neuer Anfang ist ein neues Ziel.

11. Siebzigmal siebenmal vergeben ist ein bildlicher Ausdruck aus der Bibel, der bedeutet, daß Ihr Leben von einem Geist immerwährenden Vergebens und damit Gebens beherrscht sein sollte. Ersetzen Sie beharrlich negative Gedanken durch aufbauende, harmonische, dann vergeben Sie ständig sich selbst. Was Sie über andere denken und anderen wünschen, das erzeugen Sie in Ihrem eigenen Körper, in Ihrer Verfassung, Ihrem Dasein und Ihren Erlebnissen.

12. Alle unsere Verfehlungen und Versäumnisse werden völlig vergeben, wenn in uns die Liebe, Harmonie und der Frieden Gottes die Oberherrschaft erlangen; dann reagiert unser Unterbewußtsein entsprechend, und da der Mechanismus unseres Geistes zwingend ist, begeben wir uns zwangsläufig auf den Weg zur Freude und zum Frieden. *Seine Gnade währet ewig und seine Wahrheit für und für.* (Psalm 100,5.)

KAPITEL 11

Wirksames Beten

»Darum sage ich euch: Bei allem, um was ihr betet und fleht, glaubet, daß ihr empfangen habt, und es wird euch zuteil werden. Und wenn ihr hintretet und betet, so vergebt, wenn ihr etwas habt gegen einen, damit euch euer Vater im Himmel auch eure Übertretungen vergebe.« (Markus 11,24 und 25)

Während einer Vorlesungsreihe in der Town Hall in New York bat mich im Mai 1963 ein Mann um eine Unterredung. Er klagte darüber, daß er seit sechs Monaten arbeitslos sei und einfach keine Stellung finden könne. Er war verheiratet und hatte drei Töchter. Mir schien, daß dieser Mann daran *glaubte*, keine Arbeit finden zu können, er hielt sich für einen Versager und fürchtete sich vor der Zukunft. Ich redete ihm ins Gewissen: »Sie haben eine großartige Vorbildung, Sie verfügen über einzigartige Fähigkeiten. Glauben Sie mir, Sie werden im Geschäftsleben gebraucht! Das einzige, was Ihnen im Wege steht, ist Ihre Überzeugung, daß Ihnen nichts gelingt. Sie müssen nichts weiter tun, als sich selbst von Ihren schöpferischen Begabungen zu überzeugen. Wenn Ihnen das gelingt, wird sich auch Ihr Leben ändern. In unserer Welt gibt es keine Außenseiter oder Versager, sondern jeder Mensch hat in ihr seinen Platz! Und auch Sie werden gebraucht. Man fragt Sie nicht nach Ihrem Alter oder Ihren grauen Haaren, sondern nach Ihren Fähigkeiten, nach Ihren Begabungen und nach Ihrer Berufserfahrung, die Sie doch im Laufe der Jahre gesammelt haben. Seien Sie davon überzeugt: Es gibt einen Unternehmer, der Sie ebensosehr braucht, wie Sie eine Stellung brauchen, und Sie müssen jetzt daran glauben, daß die subjektive Kraft Ihres Unterbewußtseins Ihnen den Weg zu

der richtigen Chance weisen wird. Nehmen Sie die Tatsache
dieser Führung schon jetzt als gegeben hin – und die Türen
werden sich Ihnen öffnen! Ihr Leben ist Ihnen zur Erfüllung
eines bestimmten Zwecks gegeben worden, und diese Ihnen
vorgezeichnete Rolle müssen Sie erkennen. Glauben Sie daran,
daß Ihnen in diesem Augenblick der richtige Weg schon gewiesen
wird – und Sie werden ihn finden.« Ich schrieb für diesen Mann
den Wortlaut eines Gebets nieder, das dem Inhalt meiner Ermah-
nung entsprach, und riet ihm, jedes Wort dieses Gebets laut und
gläubig zu wiederholen. Ich erklärte ihm, daß *Glauben* bedeutet,
etwas als wahr zu akzeptieren. Das Gebet nun, das ich ihm
aufgeschrieben hatte, lautete so: »Ich weiß, daß es ein Gesetz
von Angebot und Nachfrage gibt. Schon in diesem Augenblick
bin ich in Verbindung mit allem, was ich brauche. Ich werde
jetzt an den richtigen Ort gewiesen, und ich setze meine Begabungen in der vorbestimmten Weise ein. Ich tue die Arbeit, die
ich liebe, und ich habe ein großartiges Einkommen, das ich auf
ehrliche und rechtschaffene Weise verdiene.«

Als dieser Mann mich verließ, hatte sich seine Geisteshaltung
bereits gewandelt. Seine Hoffnungslosigkeit war der Überzeugung gewichen, daß es einen Ausweg aus seinen Schwierigkeiten,
eine Lösung für sein Problem gebe. (*»Glaubet, daß ihr empfangen
habt…«*)

Er rief mich wenig später im Algonquin Hotel an, in dem ich
immer wohne, wenn ich in New York Vorträge halte, und berichtete mir voller Freude: »Ich bin wirklich an die richtige Stelle
gewiesen worden! Ich habe genau die richtigen Worte gefunden
und auf meinen Arbeitgeber offenbar einen guten Eindruck gemacht. Ich bin sofort engagiert worden!«

Dieser Mann hatte die überwältigende Beglückung erlebt, die
uns allen erwachsen kann, wenn wir lernen, wirksamer zu beten.

Ihre Gedanken sind Ihr Gebet

Im Grunde ist jeder Ihrer Gedanken, ist jedes Gefühl auch ein Gebet. In einem spezifischen Sinn aber ist das Gebet der bewußte Kontakt zur umfassenden göttlichen Kraft in Ihnen. So muß das wirksame Gebet auf der Voraussetzung beruhen, daß es in uns selbst eine höhere Kraft gibt, die das zu realisieren vermag, was wir wünschen – und zwar in dem Maß, in dem wir diese höhere Kraft für wahr halten. Wirksames Beten ist also identisch mit einer aufrichtigen, gefestigten Geisteshaltung, die aus Überzeugung erwächst. Wenn Ihr Wunsch erst einmal vollständig von Ihrem Unterbewußtsein akzeptiert worden ist, wirkt er automatisch als Teil des schöpferischen Gesetzes, dem Ihr Leben folgt. Sie müssen das, was Sie glauben wollen, wirklich glauben, und wenn Sie das tun, haben Sie Ihr Unterbewußtsein wirksam beeinflußt: Diesem Einfluß entsprechend wird es reagieren.

Vergebung als Voraussetzung für wirksames Beten

Eine sehr attraktive Geschäftsfrau suchte mich vor kurzem auf und bat mich um Rat. Sie war von dem Gedanken, Selbstmord zu begehen, wie besessen, da sie sich erschöpft, gelangweilt und vom Leben angewidert fühlte. Die Geschichte ihres Lebens war bitter: Als sie schwanger war, hatte ihr Mann sie verlassen und war mit seiner Geliebten nach Kanada gereist. Die verlassene Ehefrau hatte danach mit den größten Schwierigkeiten zu kämpfen; sie mußte arbeiten und gleichzeitig für die Erziehung ihres Kindes sorgen. Ihr Ehemann schickte ihr kein Geld – im Gegenteil: Er war mit dem Guthaben ihres gemeinsamen Bankkontos und dem Brillantring seiner Frau durchgebrannt. Seine Frau erhielt von ihm nicht ein einziges direktes Lebenszeichen. Die Ehe wurde schließlich geschieden, und der Mann lebte nun in Kanada: Er hatte das Mädchen, mit dem er durchgebrannt war, geheiratet, wie von gemeinsamen Freunden zu erfahren war.

Das Gemüt dieser Frau war von Sorgen, Bitterkeit, Groll und

tief verwurzelter Feindschaft zerfressen. Sie sagte zu mir: »Um mich herum sehe ich immer wieder Frauen, die glücklich verheiratet sind und liebevolle Ehemänner haben, aber an mir geht das Leben vorbei. Ich werde älter, und ich bin einsam ... Es ist alles so ungerecht.«

Ich versuchte dieser Frau klarzumachen, daß sie ihrem geschiedenen Mann noch immer verbunden sei – und zwar durch Haß, abgründige Feindschaft und tiefen Groll. »Das ruft in Ihnen einen tiefverwurzelten Schuldkomplex hervor, der zu Selbstpeinigung und Angst vor der Zukunft führt. Zu einer neuen Ehe sind Sie noch nicht bereit. In der Bibel steht: ›*Wenn ihr hintretet und betet, so vergebt, wenn ihr etwas habt gegen einen...*‹ Sie müssen Ihren Mann ganz freigeben und ihm verzeihen, was immer er Ihnen auch angetan hat. Das wird Sie von Ihrem Schuldgefühl und von Ihrem Widerwillen gegen sich selbst befreien – denn diese Emotionen sind die Ursache Ihrer Selbstmordabsichten. Versuchen Sie, Ihrem Mann Ihren Segen zu geben und für ihn zu beten.«

Sie entschloß sich schließlich zu dem folgenden Gebet: »Ich spreche meinen geschiedenen Mann völlig frei. Ich vergebe ihm in diesem Augenblick von ganzem Herzen, und ich wünsche ihm aufrichtige Liebe, Frieden und Glück mit seiner jetzigen Frau. Ich freue mich an seinem Erfolg und an seinem Wohlergehen. Ich wünsche ihm Gesundheit, Wohlstand und inneren Frieden. Ich wünsche ihm alles, was ich mir selbst wünsche, und ich wünsche ihm dies alles aufrichtig und ehrlich. Ich weiß, daß mein Unterbewußtsein diese Wahrheiten in sich aufnehmen wird. In meinem Herzen gibt es keinen Stachel mehr. Gottes Liebe hat mich von ihm befreit.«

Einige Wochen später schrieb sie mir:

»Es ist ein Wunder geschehen! Ich habe für meinen Mann gebetet, so wie Sie es mir geraten haben. Eben hat er mich aus Quebec in Kanada angerufen, um sich nach unserer Tochter zu erkundigen, die er noch nie gesehen hat. Er sagte, seit einigen Wochen quäle ihn der Gedanke, wie schäbig er sein Kind behandelt habe, für dessen Unterhalt er niemals aufgekommen sei. Er hat mir einen Scheck über 6000 Dollar geschickt, und er will darüber hinaus das College für unsere Tochter bezahlen. Es ist alles wie ein wunderbarer Traum!«

Ein Wunder war dies freilich nicht, sondern das Ergebnis wirksamen Betens. Diese Frau befreite sich von allem Haß und aller Feindschaft und hatte ihrem Mann nun ganz verziehen. Sie unterwarf sich der Forderung: *»Wenn ihr betet, so vergebt...«*, und ihr Unterbewußtsein reagierte auf den Akt des Vergebens.

Das Leben dieser Frau veränderte sich innerhalb weniger Monate von Grund auf: Ihr Anwalt bat sie, seine Frau zu werden, und die beiden ließen sich von mir trauen. Diese Frau zweifelte nicht, daß ihre Heirat das Ergebnis eines göttlichen Gesetzes war, nämlich des Gesetzes der menschlichen Anziehungskraft: Dieses Paar nämlich paßte wahrhaft ideal zueinander. Die Frau hatte erfahren, daß ein wirksames Gebet kaum erhoffte Erfüllung bringen kann.

Ihr Unterbewußtsein kennt das Rezept

In Ihrem Unterbewußtsein arbeitet eine Schöpferkraft, die auf die Gedanken und Vorstellungen Ihres Geistes reagiert. Freilich müssen Sie bewußt zu einem endgültigen Entschluß kommen. Sie müssen sich entscheiden, was Sie wissen wollen, und darauf vertrauen, daß Ihr Unterbewußtsein Ihnen antworten wird. Wenn Sie Ihre Forderung an Ihr Unterbewußtsein weiterleiten, müssen Sie dies in der absoluten Überzeugung tun, daß es über ein »Rezept« verfügt, Ihre Forderungen zu erfüllen.

In der Bibel steht: *»Bittet, und es wird euch gegeben werden; suchet, und ihr werdet finden; klopfet an, und es wird euch aufgetan werden. Denn jeder, der bittet, empfängt; und wer sucht, der findet; und wer anklopft, dem wird aufgetan werden. Oder wer ist unter euch, der seinem Sohn, wenn er um Brot ihn bittet, einen Stein gäbe? Oder, wenn er um einen Fisch bittet, ihm eine Schlange gäbe?«* (Matth. 7,7 bis 10)

Hier sagt die Bibel nichts anderes, als daß Sie keinen Stein bekommen, wenn Sie um Brot bitten; mehr noch: Sie meint die Verwirklichung jeder Bitte, jeder Forderung und jedes Gebets. Bitten Sie, suchen Sie und klopfen Sie an, bis Sie die Antwort Ihres Unterbewußtseins erhalten, denn es ist seine Natur, stets zu antworten und zu reagieren.

Der verlorene Brillantring

Ich kann ein ganz alltägliches Beispiel dafür anführen, wie ein wirksames Gebet helfen kann: Eine Dame in Los Angeles verlor einen herrlichen Brillantring und war über diesen Verlust eine Zeitlang ziemlich verstört. Schließlich fragte sie sich: »Was ist in Wahrheit mit diesem Ring geschehen?« Und sie argumentierte folgendermaßen: »Mein Unterbewußtsein weiß, wo der Ring ist, und es wird mich zu ihm führen.«

Einige Minuten später überkam sie das Gefühl, sie müsse unbedingt zurück zu der Bushaltestelle am Wilshire Boulevard gehen ... und dort fand sie tatsächlich auf der Straße, ganz dicht bei der Haltestelle, den verlorenen Ring. Offenbar war er ihr dort entglitten, als sie nach Kleingeld für das Ticket im Bus suchte.

Ausrichtung des Geistes

Wenn Sie wirksam beten wollen, müssen Sie Ihren Geist auf die ewigen Wahrheiten Gottes einstellen, die sich niemals ändern. Sie müssen sich darüber klar sein, daß Sie nicht betteln, flehen oder demütig bitten. Sie richten lediglich Ihren Geist neu aus und orientieren sich an einer Wahrheit.

Selbst finanzielle Verluste lassen sich ausgleichen

Kürzlich wurde ein Geschäftsmann aus meinem Bekanntenkreis um 15 000 Dollar betrogen. Ein Hochstapler hatte ihn dazu überredet, dieses Geld in eine Mine zu investieren, die gar nicht existierte. Viel zu spät erfuhr er, daß die Aktien, die er erworben hatte, nur wertloses Papier waren. Der Hochstapler war verschwunden, und die Polizei hat ihn bislang noch nicht gefaßt.

Der Geschäftsmann vergegenwärtigte sich nach diesem Vorfall eine Reihe von elementaren Wahrheiten, die er erprobt hatte: nämlich, daß er einen Verlust nicht eigentlich erleiden könne, wenn er den Verlust in seinem Geist nicht akzeptiere. Darüber hinaus versicherte er sich selbst folgendes: »Es ist im Grunde nicht das geringste verloren, und meinem zielgerichteten Geist wird es gelingen, mein Konto wieder aufzufüllen.«

Tatsächlich gelang es diesem Mann, das verlorene Geld in kurzer Zeit durch andere Investitionen wieder einzubringen.

Charles Lindbergh

Auch Charles Lindbergh wußte um den Wert des wirksamen Gebets. Nahezu alle Welt kennt die Berichte über seinen berühmten Flug nach Paris: Lindbergh überquerte den Atlantik ohne Copilot, Radio und Fallschirm und richtete sich allein nach seinem Kompaß. Er schlief im Flugzeug ein – mit geöffneten Augen – und erfuhr die Kraft seines Unterbewußtseins, die seinen Geist und seinen Körper lenkte, beherrschte und kontrollierte, das Flugzeug im Moment der Gefahr sicher führte und ihn zum Handeln antrieb, wenn es nötig war.

Lindbergh entdeckte in diesem Zustand, in dem sein Bewußtsein im Schlaf ausgeschaltet war, vage durchsichtige Gestalten, die ihn begleiteten. Er selbst äußerte: »Mein Schädel ist ein einziges großes Auge.« Diese phantomartigen Gestalten schienen freundlich, sie hatten menschliche Stimmen, sie gaben ihm verläßliche Hinweise zur Navigation, beruhigten und trösteten ihn während des ganzen Fluges. Dieses Erlebnis Charles Lindberghs veranschaulicht die ungeheuren Kräfte des menschlichen Geistes: Wenn Sie Ihrem Unterbewußtsein ganz vertrauen, wird es stets auf Ihre Forderungen reagieren. Lindbergh war eigentlich nicht in der Lage, auch im Schlaf seinen Kurs zu halten – und dennoch:

Als er erwachte, erblickte er unter sich Irland und war nur wenige Kilometer von seinem Kurs abgekommen.

Diese Episode aus dem Leben des großen Flugpioniers sollte auch Ihnen Vertrauen geben in die wunderwirkenden Kräfte in Ihnen selbst.

Überwindung von Streitigkeiten

Wenn es in Ihrer Familie oder in Ihrem Betrieb zu Uneinigkeiten und Streitigkeiten kommt, sagen Sie sich immer wieder, daß Gott absolute Harmonie ist, die auch in Ihrem wie in jedes anderen Menschen Geist herrscht.

Überprüfen Sie Ihr Denken und orientieren Sie Ihre Vorstellungen und Ihre Reaktionen auf diese innere Harmonie. Wenn Sie in anderen Menschen Haß entdecken, vertrauen Sie auf Ihr Wissen, daß Gottes Liebe alles, was ihr nicht entspricht, auch im Geist und im Herzen dieses Menschen aufheben kann und aufheben wird.

Diese Haltung entspricht einem wirksamen Gebet, und das Wissen um die tiefe Wahrheit wird Ihnen schließlich zu Harmonie mit Ihren Mitmenschen verhelfen.

Die Lösung für alle Probleme

Gott ist der Name für das Höchste und Schönste in Ihrer Existenz, der Name für die Prinzipien und Gesetze, von denen Ihr Geist, Ihr Unterbewußtsein, geleitet wird. Wo Gottes Liebe, Sein Frieden, Seine Harmonie und Seine Freude herrschen, gibt es kein Unglück, kein Unrecht und keine Krankheit. Die Lösung aller Ihrer Probleme liegt also in der Erkenntnis der Gegenwart Gottes in Ihnen und in der Anwendung dieser Erkenntnis. Anwendung aber bedeutet: Füllen Sie Ihre Seele mit der Liebe, dem Frieden und der Kraft Gottes. Wenn Sie freilich an Krankheit, Leid und Unglück glauben, werden Sie die Reaktionen auf diesen Glauben an sich selbst erfahren.

Die großen Wahrheiten Gottes stehen allen Menschen offen, sie dienen ihnen, so wie die Sonne, die auf Gerechte und Ungerechte scheint. Was der Mensch braucht, ist der feste Glaube an Gott – und dieser Glaube bedeutet nichts weiter, als mit dem Bewußtsein der Gegenwart Gottes in sich selbst zu leben.

Der Saum des Gewandes

Sie kennen die wunderbare Geschichte im achten Kapitel des Lukasevangeliums, die von einer Frau berichtet, die zwölf Jahre lang am »Blutfluß« (wahrscheinlich Krebs) litt und von den Ärzten ihrer Zeit nicht geheilt werden konnte. In der Bibel steht: *»... sie trat von rückwärts hinzu und berührte den Saum seines Kleides, und auf der Stelle kam ihre Blutung zum Stillstand.«* (Luk. 8,44).

In der metaphorischen Sprache der Bibel bedeutet dies: Jeder Mensch, der sich beharrlich seinen Weg sucht durch das Gestrüpp falscher Meinungen, falschen Glaubens und aller Ängste in sich selbst, jeder Mensch, der dieses Gestrüpp, das die Heilung aufhält, beiseite räumt und sich selbst aufrichtig Gott überläßt, wird an sich diese wunderbare Reaktion erfahren. Die kranke Frau in der Bibel vertraute sich ganz der göttlichen Gegenwart an, und Gott antwortete und schenkte ihr Seine heilende Kraft, die sie von ihrer Krankheit befreite.

Sind Sie Gott ausgeliefert?

Sind Sie Gott ausgeliefert? Glauben Sie bedingungslos, daß Gott – oder die allumfassende Lebenskraft in Ihnen – Sie heilen, Ihre Probleme lösen, Ihnen zu innerem Glück und Frieden verhelfen kann? Wenn Sie das wirklich glauben, dann liefern Sie sich in der Tat Ihrem höheren Selbst – oder Gott – aus.

Wenden Sie Ihre Aufmerksamkeit ganz Gott und Seiner Liebe zu, glauben Sie, daß Gott, der Sie geschaffen hat, Sie auch heilen kann. Seien Sie aufrichtig und ehrlich und wenden Sie sich Gott mit all Ihrer Kraft und Ergebenheit zu. Nur so können Sie sich Gott ganz uneingeschränkt ausliefern.

Beginnen Sie, Ihren Geist richtig zu nutzen. Geben Sie nur dem in Ihnen lebenden allmächtigen, dem göttlichen Geist Macht über sich. Dann wird es auch Ihnen ergehen wie jener kranken Frau, der es gelang, das Gestrüpp der Vorurteile und Ängste in sich zu beseitigen und die heilende Kraft Gottes in sich zu erfahren.

Vier Schritte zum wirksamen Gebet

Der erste Schritt ist die völlige Unterwerfung unter die einzige wahrhaft existierende Kraft: Gott. Diese Kraft lebt in Ihnen, sie schuf Ihren Körper, und sie kann Sie heilen.

Der zweite Schritt: Sie müssen ganz davon überzeugt sein, daß es außer Gott keine Kraft gibt, der Sie ausgeliefert sind. Sie dürfen der Welt der äußeren Erscheinungen, den Menschen oder Umständen keine Macht über sich zusprechen.

Der dritte Schritt: Was immer Sie auch für Probleme, Schwierigkeiten oder Krankheiten haben – wenden Sie sich von ihnen ab und versichern Sie sich selbst: »Gott lebt, und Seine heilende Kraft fließt in diesem Augenblick durch mich. Sie heilt mich, und sie belebt mich von Grund auf. Gott lebt in mir als die Antwort, als die richtige Handlung, als göttliche Freiheit.«

Der vierte Schritt: Danken Sie voller Freude für die glückliche Lösung: »Vater, ich danke dir für die vollkommene Antwort. Ich weiß, daß Gott in diesem Augenblick schon in mir wirkt. Mein Geist hat den Saum Seines Gewandes berührt, und ich habe die volle Reaktion Seiner Gegenwart und Seiner Kraft in mir gespürt.«

Ein Gebet für den Krankheitsfall

Orientieren Sie sich vertrauensvoll auf die in Ihnen wohnende Kraft Gottes, denken Sie an Seinen Frieden, an Seine Harmonie, an Seine Vollkommenheit, Schönheit und Seine grenzenlose Liebe. Erfüllen Sie sich mit dem Bewußtsein, daß Gott Sie liebt und für Sie sorgt. Wenn Sie so beten, wird Ihre Angst verschwinden.

Wenn Sie beten und – zum Beispiel – um Heilung von einer Herzkrankheit bitten, stellen Sie sich Ihr Herz nicht als krankes Organ vor. Wenn Sie Ihr Herz krank sehen oder etwa an Ihren zu hohen Blutdruck denken, werden Sie sich selbst nur noch mehr Krankheitssymptome suggerieren, als Sie schon haben. Halten Sie sich also nicht bei Symptomen, Organen oder irgendwelchen Körperschäden auf.

Wenden Sie vielmehr Ihren Geist ganz Gott und Seiner Liebe zu. Machen Sie sich immer wieder bewußt, daß es nur eine heilende Kraft und nur eine Macht gibt. Es gibt jedoch *keine* Macht, die Gottes Wirken beeinflussen könnte! Beten Sie aufrichtig und voller Hingabe, daß die erhebende und heilende Kraft Gottes Sie erfülle und jede Zelle Ihres Körpers erneuere. Erkennen und empfinden Sie, daß die Harmonie Gottes sich in Ihnen als Lebenskraft, Schönheit und Gesundheit offenbart. Nehmen Sie diese Erkenntnis ganz in sich auf, und jede Krankheit wird im Licht der göttlichen Liebe verschwinden.

»So verherrlicht denn Gott in eurem Leibe!« (1. Korinth. 6,20)

Zusammenfassung

1. Glauben Sie, daß Sie schon im Augenblick des Gebets Gottes Führung erhalten, und Sie werden sie empfangen.
2. Jeder Gedanke und jedes Gefühl ist im Grunde bereits ein Gebet.
3. Wirksames Beten ist eine beharrliche und positive Geisteshaltung, die Sie zu fester Überzeugung führen wird.
4. Einem Menschen, dem Sie aufrichtig vergeben wollen, müssen Sie alles wünschen, was Sie sich selbst wünschen. Wünschen Sie ihm Frieden, Gesundheit und alle Segnungen des Lebens.
5. Ihr Glaube muß sich auf das Wissen gründen, daß Sie immer und unzweifelhaft eine Antwort erhalten, wenn Sie die schöpferische Kraft Gottes in sich anrufen.
6. Bitten Sie, suchen Sie und klopfen Sie beharrlich an, und Ihr Unterbewußtsein wird darauf reagieren.
7. Sie können im Grunde keinen Verlust erleiden, solange Sie einen Verlust geistig nicht akzeptieren.
8. Wenn Sie sich auf die Kräfte Ihres Unterbewußtseins verlassen, werden Sie immer eine Antwort erhalten.
9. Der Beweis für Gottes Gegenwart in Ihnen ist das Vorhandensein von innerem Frieden, von Ausgeglichenheit, Lebensfreude und Gesundheit.
10. Gott ist der Name für das Höchste und Schönste in Ihrem Leben, der Name für die Grundsätze und das harmonische Zusammenwirken von Geist und Unterbewußtsein.
11. Unterwerfen Sie sich rückhaltlos der göttlichen Gegenwart in Ihnen, und Gott wird antworten und Sie heilen.
12. Sie sind Gott ausgeliefert, wenn Sie glauben, daß die schöpferische Kraft, die Sie schuf, Sie auch heilen kann.
13. Die vier Schritte zum wirksamen Gebet:
    1. Völlige Unterwerfung unter die Eine Macht
    2. Erkenntnis der heilenden Kraft Gottes
    3. Vertrauende Hinnahme der Wahrheit

4. Dank als Ihre Antwort

14. Ignorieren Sie die Symptome der Krankheit. Erkennen und empfinden Sie, daß die heilende Kraft Gottes in Ihnen wirkt und Ihnen Frieden, Gesundheit und Heilung verleiht.

KAPITEL 12

Die zeitlose Weisheit des I Ging

Die zeitlose, unvergängliche Weisheit Chinas lehrt, daß der lebendige Geist (Gott), den sich die chinesischen Weisen als gestaltlos, gesichtslos vorstellten, sich in Materie kleidete und in die Materialität herabstieg. Anders ausgedrückt: Gott stellte sich vor, Mensch und alle Dinge im Universum zu sein; und er wurde, was er sich vorstellte. Auf der Erde vergaß jedoch der Gott-Mensch seinen göttlichen Ursprung und sein göttliches Wesen.

Das *I Ging* erinnert uns nun ständig daran, daß in jedem von uns etwas verborgen liegt, das unentwickelt ist, uns aber dennoch an unseren Ursprung erinnert und uns drängt, zu ihm zurückzukehren. Der Sinn Ihres Lebens ist es, diese Erinnerung wachzurufen, zu nähren und zu stärken, bis das Bewußtsein von der Gegenwart Gottes in Ihrem Sein zu einem Licht wird, das Sie ausfüllt und in Ihrem Leben leitet.

Die Gegensätze im Leben

Die namhaftesten Wissenschaftler der Welt sagen schon lange, daß Materie und Energie eins sind. Wir wissen heute, daß Materie transformierbar ist; das Greifbare wandelt sich unablässig in Ungreifbares um. Unser Universum besteht lediglich aus Wellen, einer Reihe verschiedenster Dichtigkeiten, Frequenzen und Intensitäten. Vor einiger Zeit las ich einen alten Zeitungsartikel, in dem der englische Mathematiker und Astronom Sir James Heans ausführte, das Universum setze sich aus Wellen zusammen, eingeschlossene Wellen, die wir Materie nennen, und nichteingeschlossene Wellen, die wir Strahlung oder Licht nennen. Dieser

Aphorismus gibt ein gutes Bild und setzt mehr als nur ein Gleichnis. Und muß uns da nicht die Genesis einfallen? So heißt es doch im 1. Buch Mose: *Und Gott sprach: Es werde Licht!*

Wenn das Absolute sich relativiert, erleben wir Gegensätze. Im Zustand des Absoluten gibt es keine Differenzierung. Das Absolute ist ein Zustand des Einsseins, der Ganzheit, Vollkommenheit und Perfektion. Wenn es sich zu Schöpfungszwecken zweiteilt, erfahren wir Geist und Materie, Großes und Kleines, Nacht und Tag, Inneres und Äußeres, Männliches und Weibliches, Süßes und Saures. Anders ausgedrückt: Wir sind uns bewußt, daß wir leben; wir nehmen tausend Unterschiede wahr. Wie der Philosoph und Dichter Ralph Waldo Emerson sagte: »Jeder Geist baut sich ein Haus.« Sie haben einen Körper, fünf (oder auch mehr) Sinne und die großartige Fähigkeit, Ihre Talente, Ihre Liebe, Ihre Freude und Wertschätzung angesichts all der göttlichen Dinge in Ihrem Leben zum Ausdruck zu bringen. Emerson erklärte die Gegensätze in seinem Essay *Compensation* sehr schön: »Der Polarität oder Aktion und Reaktion begegnen wir in jedem Teil der Natur; in Dunkelheit und Licht; in Wärme und Kälte; in der Ebbe und Flut der Gewässer; im Männlichen und Weiblichen; im Einatmen und Ausatmen der Pflanzen und Tiere; in der Zentrifugal- und Zentripetalkraft. Ein unausweichlicher Dualismus halbiert die Natur, so daß jedes Ding eine Hälfte ist und auf ein anderes Ding verweist, das es erst ganz macht: Geist – Materie; Mann – Frau; ungerade – gerade; subjektiv – objektiv; innen – außen; oben – unten; Bewegung – Ruhe; ja – nein. Jedes Süße hat sein Saures; jedes Böse hat sein Gutes.«

Das *I Ging* macht auf die Gegensätze wie Glück und Unglück, Erfolg und Mißerfolg usw. aufmerksam. Und es lehrt, auf welche Weise man sie aussöhnt.

Die Aussöhnung der Gegensätze

Zeigt Ihnen ein Hexagramm beispielsweise, daß Sie in Ihrem Unterbewußtsein eine Versagensstruktur hegen, wenden Sie sich nach innen, bringen Sie sich in Einklang mit dem unendlichen

Lebensprinzip in Ihnen und erkennen Sie, daß dieses nicht scheitern, nicht versagen kann; es ist allmächtig. Machen Sie sich klar, daß Sie geboren sind, um glücklich zu werden, um zu gewinnen, Erfolg zu haben. Wenn Sie sich selbst versichern: »Erfolg wird mir dank der mir innewohnenden unendlichen Kraft des Allmächtigen zuteil«, dann werden Sie alle Hindernisse überwinden, vorausgesetzt, daß Sie beharrlich sind und diesen Leitgedanken zu Ihrer tiefen Überzeugung machen.

Auf solche Weise söhnen Sie die Gegensätze, die Ihren Geist bedrängen, aus, indem Sie nämlich bewußt den Gedanken an Erfolg dem der unbewußten Angst entstammenden Gedanken an Fehlschlag entgegensetzen. Ihre Gedanken kommen ja auch meist paarweise. Wenn Sie Ihre Aufmerksamkeit von dem Gedanken an Fehlschlag entschieden abwenden und sich voll Hingabe und Achtsamkeit auf den Erfolg aller Ihrer Unternehmungen konzentrieren, prägen Sie Ihr Unterbewußtsein auf Erfolg, so daß die unendliche Kraft, an der Sie teilhaben, in diesen Brennpunkt der Aufmerksamkeit strömt, und der Erfolg ist sichergestellt. Tatsächlich werden Sie zum Erfolg gezwungen werden, denn die Macht Ihres Unterbewußtseins ist zwingend.

Erkennen Sie den Wert der Gegensätzlichkeit? Würden Sie nicht herausgefordert und hätten Sie keine Schwierigkeiten oder Probleme, dann würden Sie Ihre Quelle göttlicher Kraft nie entdecken. Die Gegensätze im Leben ermöglichen es Ihnen, Ihre seelisch-geistigen Werkzeuge zu schärfen, wodurch Sie die Hindernisse überwinden und die Gegensätze aussöhnen, und dabei erleben Sie die Freude, Ihre Probleme zu meistern und von Angst und Sorgen befreit zu sein.

Emerson sagte: »Jedes Ja hat sein Nein.« In der Bibel heißt es: *Eure Rede aber sei: Ja, ja; nein, nein. Was darüber ist, das ist von Übel* (Matthäus 5,37). Das *I Ging* legt Ihnen nahe, daß Sie »ja« sagen zu allen Ideen, die Ihr Leben stärken, heilen, segnen, inspirieren, erheben und ihm zur Freude gereichen. Sagen Sie kühn »nein« zu allen Lehren, Ideen, Überzeugungen, Dogmen und Zwängen, die Ihren Geist hemmen, einschränken und ihm Furcht einträufeln. Mit anderen Worten: Akzeptieren Sie geistig nichts, was Ihre Seele nicht mit Freude erfüllt.

Der Wandel und seine Bedeutung

In einer verlorengegangenen hebräischen meditativen Betrachtung hieß es: »Ständiger Wandel ist die Wurzel aller Dinge, und der Wandel hat zwei Gesichter, ein Gesicht des Lebens und ein Gesicht des Todes.« Wir müssen uns der Tatsache bewußt sein: Alles wandelt sich stets. Das Formlose nimmt ständig Form an, und das Geformte kehrt ständig zur Formlosigkeit zurück. Ist es irgendwo sehr heiß, kann man sicher sein, daß der Hitze Kühle folgen wird. Es kann geschehen, daß wir jetzt irgendwo eine gewaltige Überschwemmung erleben, bei der Häuser weggerissen werden; aber wir können sicher sein, daß die Fluten zurückweichen werden und daß die Sonne wieder scheinen wird. Alles wandelt sich, alles vergeht. So kann man auch nicht »ewig« krank sein. Auch das vergeht. Die heilige Therese sagte, man solle sich durch nichts bekümmern, ängstigen oder stören lassen. »Alles vergeht außer Gott.«

Das *I Ging* ist voll dieser Weisheit. Vergessen Sie nicht, daß es ja nicht zufällig das »Buch der Wandlungen« ist.

Das I Ging und beispielsweise Tarockkarten

Vor kurzem unterhielt ich mich mit einer Frau, die erzählte, daß sie vor einer schweren Entscheidung stehe, einer der wichtigsten in ihrem Leben. Sie habe erst die Tarockkarten, dann das *I Ging* befragt und gleichlautende Antworten erhalten: Sie solle vorwärts gehen, Glück werde der Entscheidung folgen. Nun fragte sie mich: »Wie erklären Sie das?«

Die Antwort ist einfach. Tarockkarten sind Bildkarten, in denen übrigens unsere Spielkarten ihren Ursprung haben. Jede der Tarockkarten stellt das Ziel, die Absicht oder den Bewußtseinszustand bildlich dar, den die Karte benennt, und jedes Zeichen auf der Karte steht für bestimmte Wahrnehmungen, Fähigkeiten, Funktionen – mit anderen Worten: Geisteszustände. Über die Herkunft der Karten weiß man heute nichts Genaues mehr.

Der Überlieferung zufolge bedeuten bestimmte Karten einfach Liebe, Heirat, Scheidung, Tod, Reisen, Verträge, Gesetz, Religion, Glücklichsein, Erfolg, Mißerfolg usw. Wenn Sie die Karten mischen und sich dabei auf Ihre Frage konzentrieren, wählt Ihr Unterbewußtsein natürlich die Karten aus, die Ihrem gegenwärtigen Geisteszustand entsprechen. Ein intuitiv begabter Mensch, der Tarockkarten zu Rate zieht, schaut sich die Karten an, die für ihn eine Art Alphabet seines Unterbewußtseins sind, und deutet sie entsprechend. Die Tarockkarten sind also einfach ein Hilfsmittel zur Aktivierung der in jedem Menschen schlummernden Fähigkeiten innerer Wahrnehmung.

Der folgende Vergleich könnte zum Verständnis beitragen. Nehmen wir einmal an, Sie erhielten einen chinesischen Brief und verstünden die Sprache nicht. Zweifellos würden Sie den Brief einem des Lesens und Schreibens kundigen Sinologen zeigen (oder jemandem, der Chinesisch spricht) und ihn um eine Übersetzung bitten. Diese Übersetzung oder, besser gesagt, die Deutung übernimmt nun im Fall der Tarockkarten Ihr Unterbewußtsein. Die Karten selbst haben keine Macht; sie sind nichts weiter als Papier. Immerhin wurde aber diesen Karten seit alters her ein bestimmter Sinn, eine bestimmte Bedeutung zugeschrieben. Ist jemand damit vertraut und sensitiv begabt, so kann er Ihr Unterbewußtsein anzapfen und für Sie den Sinn der Karten deuten. Das ist um so eher möglich, als die alten Bildsymbole der Tarockkarten – wie die Bedeutungen der Hexagramme des *I Ging* – Schöpfungen des Unterbewußtseins alter Mystiker sind und daher eine universelle Bedeutung haben.

Ich erklärte der Frau, daß die alten Mystiker bei der Benutzung des *I Ging* genauso verfahren seien; sie gaben den Hexagrammen, Zeichen, Linien, Zahlen, bestimmte Bedeutungen. Wenn Sie nun bei der Orakelbefragung nach dem *I Ging* Münzen werfen oder Schafgarbenstengel benutzen, aktivieren Sie lediglich die uralte Weisheit Ihres Unterbewußtseins, das am kollektiven und universellen, allen Menschen innewohnenden Unbewußten teilhat.

Eine lebensrettende Warnung

Einem Mann, der wiederholt über unbestimmte Leibschmerzen klagte, empfahl ich, sich von seinem Arzt untersuchen zu lassen. Auch seine Frau drängte ihn, das zu tun, doch vergebens. Er nahm weiterhin Kodein (ein Opiumderivat) gegen die Schmerzen, womit er lediglich die Symptome linderte, aber die Ursache nicht beseitigte. Eines Nachts hatte seine Frau einen lebhaften Traum: Sie sah, wie ihr Mann ins Krankenhaus gebracht und am Blinddarm operiert wurde, der bereits durchgebrochen war. Sie hörte den Arzt zu ihrem Mann sagen: »Sie haben Bauchfellentzündung. Ihr Zustand ist sehr ernst.«

Die Frau zog das *I Ging* zu Rate. Sie fragte: »Sollte mein Mann nicht sofort zum Arzt gehen?« Sie erhielt Hexagramm 46 (keine sich bewegenden Linien), in dem es heißt, man müsse »den großen Mann« sehen. Dies besagte für sie, daß ihr Mann seinen Arzt aufsuchen sollte. Für sie gab es gar keine Frage, wer mit dem »großen Mann« gemeint war. Sie erzählte ihrem Mann von dem Traum und von der Antwort des *I Ging* auf ihre Frage. Er war beeindruckt und willigte ein, zum Arzt zu gehen. Nach der Untersuchung brachte der Arzt ihn sofort ins Krankenhaus. Dort eröffnete man ihm, er sei gerade noch rechtzeitig gekommen; denn sein Appendix hätte jeden Moment durchbrechen und ihn in ernste Lebensgefahr bringen können.

Die Frau hatte um Führung für ihren Mann gebetet, und ihr Unterbewußtsein hatte ihr seine bedrohte körperliche Verfassung enthüllt. Das *I Ging* hatte ihr den Weg gewiesen durch die Antwort, er müsse den großen Mann sehen – womit natürlich noch nicht konkret gesagt ist, ob ein weiser geistiger Berater, ein Psychologe, ein Anwalt, ein Arzt oder ein Geistlicher gemeint ist; das hängt davon ab, was der Fragende wissen will. Zweifellos rettete die Frau durch rasches Handeln und die Befragung des *I Ging* ihrem Mann das Leben.

Moderne Parapsychologie und das I Ging

Professor Joseph Banks Rhine von der amerikanischen Duke University in Durham, einer der Altväter moderner Parapsychologie, hat über die außergewöhnlichen psychischen Kräfte, die dem Unterbewußtsein des Menschen innewohnen, ein gewaltiges Material zusammengetragen, das gut belegt und dokumentiert ist. Ganze Generationen jüngerer Forscher, darunter auch viele von den Naturwissenschaften herkommende Parapsychologen, haben sein Werk fortgesetzt und der Parapsychologie als Wissenschaft zur weltweiten Anerkennung verholfen. Einer der führenden Forscher, der durch sein Schrifttum in den USA ebenso wie in Europa bekannt ist, ist Dr. Milan Ryzl, dessen Standardwerk *Parapsychologie* ich jedem an dieser Wissenschaft Interessierten empfehlen kann.* In seinem Werk *ASW-Training* schreibt er: »Die Parapsychologie ist eine Wissenschaft, die sich mit jenen Fähigkeiten und immensen Kräften der Psyche beschäftigt, die nach den *heute bekannten* Gesetzen der Physik nicht erklärt werden können. Ihr Gegenstand sind die außersinnliche Wahrnehmung (ASW), das heißt Informationsempfang ohne Mitwirkung der fünf Sinne über die Schranken des Raumes und der Zeit hinaus (Telepathie und Hellsehen) einschließlich Präkognition (ASW in die Zukunft) und Retrokognition (ASW in die Vergangenheit), und die Psychokinese, das heißt die rein psychische Beeinflussung materieller, auch biologischer Vorgänge. Die Parapsychologie wird heute maßgebend gerade auch von Naturwissenschaftlern, insbesondere Physikern, vorangetrieben, deren Forschungen zum Postulat einer höheren, multidimensionalen Welt *regulärer* Gesetzmäßigkeiten geführt haben.«

Die chinesischen Weisen, die einst das *I Ging* und dessen 64 Hexagramme ersannen, verfügten über diese »immensen Kräfte der Psyche«, wie das die heutige Wissenschaft formuliert. Sie schöpften aus dem Unterbewußtsein und vermochten die diesem

---

* Dr. Milan Ryzls Werke sind in deutscher Sprache im Ariston Verlag, Genf, und in Taschenbuchausgaben beim Goldmann Verlag erschienen.

innewohnende Weisheit so zu nutzen, daß sie die Gesetze des Universums und die ins Herz des Menschen geschriebenen Gesetze verstanden. In der Symbolsprache des *I Ging* entwickelte sie eine anwendbare Methode der Aktivierung unseres Unterbewußtseins, die modernste Erkenntnis vorwegnahm. Bei der Befragung nach dem *I Ging* offenbart das Unterbewußtsein dem Menschen, nachdem dieser Münzen geworfen hat, auf symbolische Weise seinen augenblicklichen seelisch-geistigen Zustand und den nächsten Schritt, den er unternehmen sollte.

Wenn ich im *Buch der Wandlungen* lese, werde ich immer wieder von tiefer Ehrfurcht und rätselhafter Scheu erfaßt. Ich habe das Gefühl, ein Mensch spreche zu mir. Das Buch birgt mehr als fünftausend Jahre alte Weisheit, die zu uns allen spricht.

Zusammenfassung

1. Die zeitlose Weisheit Chinas lehrt, daß Gott, das Formlose, das Gesichtslose, das Lebensprinzip, sich in Materie kleidete und die Gestalt des Menschen und aller Dinge im Universum annahm. Anders ausgedrückt: Gott stellte sich vor, Mensch zu sein, und wurde es; das heißt, Geist, der formlos ist, nahm Form an.

2. Sie sind sich der Gegensätze im Leben bewußt; deshalb fühlen Sie sich lebendig. Sie sind sich des Tags und der Nacht bewußt, der Ebbe und Flut, der Wärme und Kälte, des Großen und Kleinen usw. Sie haben ein Gefühl für Unterschiede, die Empfindung des Lebendigseins. Geist muß, um sich zu offenbaren, einen Körper haben. Die Gegensätze auf der Welt sind Hälften des einen Ganzen. Der absolute Zustand ist ein Zustand des Einsseins, reiner Harmonie und Vollkommenheit.

3. Ihre Gedanken kommen meist paarweise: Denken Sie an Reichtümer, wird Ihnen das Gegenteil, Armut, in den Sinn kommen. Söhnen Sie die Gegensätze aus, indem Sie Ihre Aufmerksamkeit vom Gedanken an Armut abwenden und Gottes Überfluß zuwenden. Wenn Sie die Vorstellung von Reichtum in sich nähren, werden Mangel und Eingeschränktheit verschwinden, und Sie werden beginnen, auf der ganzen Linie Gottes Reichtümer sichtbar zu machen.

4. Sagen Sie »ja« zu allen guten Dingen des Lebens und »nein« zu allem Negativen. Das, wozu Sie im Leben »nein« sagen, vermag keinen Eingang in Ihre Erfahrung zu finden. »Besingen Sie die Schönheit des Guten und hören Sie auf, das Schlechte anzubellen« (Emerson).

5. Alles wandelt sich ständig. Auch Sie verändern sich unaufhörlich, sind heute nicht mehr dieselbe Person, die Sie vor einem Jahr waren. Sie hegen neue Ideen, machen neue Wahrnehmungen, haben neue Erkenntnisse, denken, sprechen und handeln nicht mehr wie vor einem Jahr. In einer alten Hymne heißt es: »Wandel und Verfall sehe ich rund um mich. O du, der

sich wandelt, verweile nicht bei mir.« Das Greifbare verändert sich zu Ungreifbarem, und das Ungreifbare verändert sich zu Greifbarem.

6. Zwischen dem *I Ging* und den alten Symbolen der Tarockkarten besteht eine unterschwellige Beziehung. Manche der auf den Tarockkarten abgebildeten Zeichen decken sich mit der Bedeutung von Hexagrammen. Die Zeichen und die Hexagramme sind Schöpfungen des Unterbewußtseins der alten Mystiker, die die großen ewigen Wahrheiten Gottes und des Kosmos in Bildform und Zahlensymbolen ausdrückten.

7. Eine Frau, die das *I Ging* für ihren Mann zu Rate zog, hielt es für unerläßlich, daß er den »großen Mann« – seinen Arzt – sehe. Er tat es, und das rettete ihm das Leben.

8. Moderne Parapsychologie hat die Fähigkeiten der Telepathie, des Hellsehens, der Präkognition und Retrokognition sowie der Psychokinese nachgewiesen. Diese Gaben wohnen Ihrem Unterbewußtsein inne. Die Weisen, die das *I Ging* ersannen, kannten diese inneren Fähigkeiten und Kräfte, nutzten sie und entwickelten ein System von 64 Hexagrammen, die jede vorgebrachte Frage in einer idiomatischen, bildlichen, allegorischen Sprache beantworten.

Quellen

KAPITEL 6
entnommen aus »Die unendliche Quelle Ihrer Kraft«
© der amerikanischen Originalausgabe 1969 by Parker Publishing Co., Inc., West Nyack, New York
© der ungekürzten deutschen Originalausgabe 1981 by Ariston Verlag, Genf, unter dem Titel »Die unendliche Quelle Ihrer Kraft«

KAPITEL 7
entnommen aus »Leben in Harmonie«
© 1974 by Parker Publishing Co., Inc., West Nyack, New York
© der deutschsprachigen Originalausgabe Ariston Verlag, Genf 1977
Dieser Band ist im Ariston Verlag mit dem Titel: »Energie aus dem Kosmos. Ihre unversiegbare Quelle der Kraft« erschienen.

KAPITEL 8
entnommen aus »Der Weg zu innerem und äußerem Reichtum«

KAPITEL 9
entnommen aus »Die unendliche Quelle Ihrer Kraft«

KAPITEL 10
entnommen aus »Leben in Harmonie«

KAPITEL 11
entnommen aus »Das Wunder Ihres Geistes«

KAPITEL 12
entnommen aus »Das I-Ging-Orakel Ihres Unterbewußtseins«
© 1979 by Parker Publishing Co., Inc., West Nyack, New York
© der deutschen Originalausgabe Ariston Verlag, Genf 1980

Die Macht Ihres Unterbewußtseins

Das große Buch innerer und äußerer Entfaltung

Von Dr. Joseph Murphy

»Die Macht Ihres Unterbewußtseins« ist eines jener Bücher, die den Geist unserer Zeit entscheidend beeinflußt haben – ein Jahrhundertwerk. Murphy hat hier das Geheimnis des »Glaubens, der Berge versetzt«, ergründet. Sein Buch zeigt, wie wir die unermeßliche Kraft unseres Unterbewußtseins in uns wecken und schöpferisch nutzen können. Dieses wichtigste Werk von Murphy, dem Wegbereiter des Positiven Denkens, wurde allein in der deutschsprachigen Ausgabe mehr als 2 Millionen mal verkauft. *Ich las dieses Buch zum ersten Mal im Alter von 17 Jahren und profitiere heute noch davon!* (Vera F. Birkenbihl). 246 Seiten, gebunden, ISBN 3-7205-1027-1.

Das Standardwerk von Dr. Joseph Murphy liegt auch als vollständiges Hörbuch vor. Gesamtspielzeit 9 1/2 Stunden. Audiobox mit 6 Kassetten, ISBN 3-7205-1901-5.

Zur wirkungsvollen Ergänzung gibt es außerdem ein Suggestions-Kassetten-programm. Die Kassetten helfen, die grundlegenden Erkenntnisse im täglichen Leben praktisch umzusetzen. Eine tiefenpsychologisch besonders wirksame Kombination von beruhigender Musik und suggestiven, subliminal unterlegten Texten verankert die Kernlehren im Gedächtnis und im Unterbewußtsein. Gesamtspielzeit 3 1/2 Stunden. Audiobox mit 4 Kassetten, ISBN 3-7205-1673-3.

Denken Sie groß

Erfolg durch großzügiges Denken

Von David J. Schwartz

Wie das Denken, so das Handeln! Im großen Maßstab zu denken, kann man lernen. Groß denken eröffnet neue Horizonte, klein denken behindert. Diese Erkenntnis hat der Autor, ein auf sogenannte Erfolgsstrategien spezialisierter amerikanischer Psychologe, immer wieder bestätigt gefunden. Mit diesem Buch legt er ein konkretes, planmäßig aufgebautes Programm vor, mit dessen Hilfe Sie Ihre Persönlichkeit, Ihren Lebensinhalt und Ihre Lebensqualität auf Groß einstellen können. 288 Seiten, gebunden, ISBN 3-7205-1262-2.

»Denken Sie groß« liegt auch als vollständiges Hörbuch vor. Gesamtspielzeit 9 Std., Audiobox mit 6 Kassetten, ISBN 3-7205-1967-8.

Diese faszinierenden Bücher erhalten Sie in jeder Buchhandlung. Ein farbiges Bücher-Magazin mit Informationen zu den Büchern unseres auf Medizin, angewandte Psychologie und Esoterik spezialisierten Verlages können Sie gratis bei uns anfordern.

ARISTON VERLAG · KREUZLINGEN/MÜNCHEN

Hauptstraße 14, CH-8280 Kreuzlingen, Tel. 071/672 72 18, Fax 071/672 72 19
Karl-Theodor-Straße 29, D-80803 München, Tel. 089/38 40 68-0, Fax 089/38 40 68-10